基 础 教 育 改 革 丛 书

Active Learning

积 极 学 习

——101种有效教学策略

101 Strategies to Teach Any Subject

M·希尔伯曼 著

陆怡如 译

华东师范大学出版社

·上海·

图书在版编目(CIP)数据

积极学习:101种有效教学策略/(美)希尔伯曼著;陆怡
如译.—上海:华东师范大学出版社,2005.7
ISBN 978-7-5617-4363-8

Ⅰ.积...　Ⅱ.①希...②陆...　Ⅲ.教学法　Ⅳ.G424.1

中国版本图书馆 CIP 数据核字(2005)第 075836 号

积极学习
　　——101 种有效教学策略

著　　者　M·希尔伯曼
责任编辑　彭呈军
责任校对　周起锐
封面设计　卢晓红
版式设计　蒋　克

出版发行　华东师范大学出版社
社　　址　上海市中山北路 3663 号　邮编 200062
网　　址　www. ecnupress. com. cn
电　　话　021-60821666　行政传真 021-62572105
客服电话　021-62865537　门市(邮购) 电话 021-62869887
地　　址　上海市中山北路 3663 号华东师范大学校内先锋路口
网　　店　http://hdsdcbs. tmall. com

印刷　者　常熟市文化印刷有限公司
开　　本　787 毫米×1092 毫米　1/16
印　　张　11.75
字　　数　173 千字
版　　次　2011 年 10 月第一版
印　　次　2025 年 3 月第二十五次
书　　号　ISBN 978-7-5617-4363-8/G·2542
定　　价　39.00 元

出版人　王　焰

目　录

3

译者前言
Active Learning

　　我以为,不管你现在教的是哪个学科,不管你教的是哪个层次的学生,不管你是新教师还是老教师,你都会发现本书中提供的教学策略非常有用,并会为之激动不已的。

　　在实际生活中,教师们缺少的绝不是知识,也不是责任心、爱心等,而是教学的理念与方法。我们只要稍作观察,就可发现这样一个现象:幼儿园的孩子学习的时候最富乐趣与兴趣,小学生刚入学的时候,他们的学习欲望也很强烈,但随着年级的增长,学生渐渐失去了对学习的渴望,上学成为许多学生的负担。对此,我们当然可以找出很多的原因,例如课程设置不合理(这几年课程改革在全国进行得可谓风起云涌),学业负担过重,评价体系不合理等等。这其中还有一个很多人已意识到但却很少得到重视的原因是:教师的讲课实在没劲! 填鸭、满堂灌、一言堂等都是传统教学方式的写照。消极的、无效的教学方式对学生的智慧自主性是一种压抑,一种挫伤。现在,许多教师也挖掘出了这一根源,却又苦于无处借力,要靠自己原创出教学方法摸索试验,真是劳心劳力,还常常会吃力不讨好的。

　　从理论上讲,有效的教学应具有如下几个方面的特征:让学生明确通过努力而达到的目标,并且明白目标的达成对于个人成长的意义;设计具有挑战性的教学任务,促使学生在更复杂的水平上理解;通过联系学生的生活实际和经验背景,帮助学生达到更复杂水平的理解;适时与挑战性的目标进行对照,对学生的学习有一个清楚的、直接的反馈;能够使学生对每个学习主题都有一个整体的认识,形成对于事物的概念框

1

架;能够迁移并发现和提出更为复杂的问题,有进一步探究的愿望。一言以蔽之,有效的教学能够唤醒沉睡的潜能,激活封存的记忆,开启幽闭的心智,放飞囚禁的情愫。

积极学习所倡导的理念,所研究与推行的方法,我觉得能产生有效教学的效果。本书的英文书名是 Active Learning,有人译为"主动学习"、"活动学习",甚至还有"自主学习",这些译法都有一定的道理,Active Learning 确实包含了这些方面的意思。但依我看,从教师教学的角度讲,译为"积极学习"更为适切。这里积极学习的意思是:学习者是学习的主体,他们使用头脑探究观念、解决问题,并应用所学;在学习过程中学生全身心参与,智力、情感、社交、身体等全方位投入;教师是教学过程的引导者、支持者。

为什么需要积极学习呢? 一项大规模的教育心理学研究发现,不同的教学方式产生的教学效果是大不相同的,学生对所教内容的平均回忆率为:

教师讲授:5%

学生阅读:10%

视听并用:20%

老师演示:30%

学生讨论:50%

学生实践:70%

学生教别人:95%

不幸的是,我们现在使用得最多的教学方法竟然是效率最低的方法。当然,在这些年的教学改革过程中,专家学者与一线的教师们在这方面作了很多努力,做出了很多改进,自主学习、合作学习、探究性学习风靡一时,深入人心。但存在的一个问题是这些理念的可操作性并不强,而且很难迁移到各个学科。倡导积极学习的研究者们认为,在学习某样知识时,积极学习会借助于听,借助于看,借助于提出问题,借助于与其他人讨论。总之,要学好某样知识,学生需要"做"——理解问题,明白示例,尝试技能,及使用已经掌握或必须掌握的知识做作业。我们知道通过做能学得最好。

但是我们如何提升积极学习? 本书讲述许多具体的、可操作的策略,几乎可以用于任一科目。它们是设计用来活跃课堂的。有一些非常有趣,有一些则非常严肃,目的都是为了深化学习与记忆。全书中描述的 101 种策略都是些具体的策略,分为三大板块:如何在一开始就让学生们变得积极;如何帮助学生积极地获取知识、技能和态度;如何让学习难以忘记。你可以将这些策略用于你所教的任何科目。

感谢华东师范大学出版社对翻译出版此书的支持,在翻译过程中编辑彭呈军老师提供了许多有益的建议,我的几位学生为翻译做了许多工作,在此一并致谢。书中都是些具体的教学策略,因为文化差异的缘故,可能有些翻译得不是很准确,敬请读者谅解和批评。

译者

2005 年 5 月

前　言

Active Learning

你可以很快地告诉学生他们需要知道的，

但他们会更快地忘记你告诉他们的。

是的，需要教的东西比讲出来的东西多得多。学习绝不是简单地将信息塞入学生的头脑，而是需要学习者自身的心理参与和操练。解释和示范本身永远不会导致真正的、持久的学习。只有积极的学习才能有此结果。

什么样的学习是"积极"的呢？在积极学习中，学生是主体，他们使用头脑……探究观念、解决问题，并应用所学。积极学习是一种快步调的、有趣的和支持性的，并有个人的参与。通常，学生表现活跃，出声思考。

为什么需要积极学习？在学习某样知识时，积极学习会借助于听，借助于看，借助于提出问题，借助于与其他人讨论。总之，要学好某样知识，学生需要"做"——理解问题，明白示例，尝试技能，及使用已经掌握或必须掌握的知识做作业。

我们知道通过做能学得最好。但是我们如何提升积极学**习？本书讲述许多具体的、可操作的策略，几乎可以用于任一科目。**它们是设计用来活跃课堂的。有一些非常有趣，有一些则非常严肃，目的都是为了深化学习与记忆。

《积极学习》综合了各种教学策略。它包含各种让学生在活动过程中，自始至终保持积极姿态的方法，有利于进行团队工作，使学生能够对所学知识进行即时的积极思考。书中还包含各种有助于进行全班学习、小组学习，激发讨论与辩论，练习技能，提出问题，甚至让学生互教互学的技巧。最后，书中还提供一些方法，可用来回顾所学，评价学习改变，考虑下一步可采取的措施。

《积极学习》一书适用于每位教师,不管是极富经验的还是"菜鸟"级的。虽然很多策略与技巧适应于各种水平的教师,但本书的初衷是为那些教青少年甚至成人的教师而编写的。初中、高中、大学、各种成人教育机构的老师将发现本书特别有用。

感谢皮亚杰、蒙台梭利等人的影响,儿童早期和小学阶段的老师长期以来都在实践着积极学习。他们知道儿童从具体的、基于活动的经验中能学得最好,即便这些老师不是有意识地利用儿童发展方面的知识来让学习变得积极。他们知道儿童的注意广度很窄,他们呆在座位上的能力有限。为适应这些特点,老师们让儿童保持活跃、积极,让他们走动。

然而,对大一点的学生,有一种停止高水平的积极学习的趋势。几乎所有的教师,从中学到大学,在课堂上只有零星的讨论和提问,偶尔包括一些游戏、角色扮演甚至是小组学习活动,但是很少涌现积极的、活跃的学习热情。为什么会这样?

你也许能想到许多理由。例如,教师们之所以这么教,是因为他们自己就是这么被教的。除此之外,有一个不成文的假定是,成熟的学习者不需要强调活动,不需要采用快速的步调来有效地学习,因为成熟的心理可以思考、采择观点,能够进行抽象思维,有些教师认为那些大一点的学生只要坐在位子上听课,就是在进行真正的学习。这种信念已根深蒂固,即便教师对学生记得的东西如此之少、能应用的东西更是少之又少感到失望,也未想到是学习不积极之故。如今的学生越来越多样化,这不仅仅体现在性别、种族和民族上,更体现在他们的学习风格上。积极学习不仅需要用来为学生增加某种令人激动的因素,更是因为要显示出对个体差异和多元智力的尊重。

大一点的学生的学习不够积极的另一个原因是教师为教学内容所累,有限的教学时间使他们感受到压力。将学习分为若干学习领域的观念已经持续了几个世纪,不可能一下子废弃。虽然近现代有人质疑传统的学校和课程设计,但仍然很难让大多数学校管理者和家长相信"面面俱到"的学科学习其实价值有限。而且,有些观念认为积极学习费时太多——理论上讲讲还可以,付诸实践却很难。

或许对大一点的学生和成年人不采用积极学习的最大理由是没有具体的实施建议。近来出版的少数几本很优秀的书中,以一般性的说法,建议如何将个案研究、模拟、团体学习、方案和其他一些参与性方法整合进中学及大学的课堂。当我给一些有兴趣的老师看这些书时,他们大多让我将可用于他们教的学科的具体策略划出来。这就是我编写《积极学习》一书的理由。书中满是操作性方法,一步一步地指导。

《积极学习》以"积极学习概述"作为开篇的第一部分。我不仅会讨论到教学的被动形式,而且还会解释为何我们对学习的心理过程的理解要求在课堂教学中采取积极的方式。该部分还会讨论到学生的学习风格、学习的社会属性和在将积极学习引入课堂时教师关心的一些问题。为了读者能更好地组织和推进积极学习,该部分还包含有 100 多个技巧。这些技巧涉及形成小组、促进参与和讨论、课堂设计等多个方面。

《积极学习》全书中描述的 101 种技巧都是些具体的策略,你可以用之于你所教的科目。这些技巧总体上被分为下述三个板块。

如何在一开始就让学生变得积极

这一部分包含许多破冰式和其他开启性的活动,适用于任何课堂。相关技巧涉及以下一个或多个方面:

- 团队建设:帮助学生相互了解或创设一种合作、互相依赖的氛围
- 现场评估:了解学生的态度、知识和经验
- 迅速投入学习:创造对学科内容的初始兴趣

另外,这些技巧鼓励学生一开始就采取积极的姿态。

如何帮助学生积极地获取知识、技能和态度

这一部分包含许多可用于课堂的教学技巧,可用于避免或强化教师主导的教学。提供了多种多样的选择,都可用来轻柔地推动学生去思考、感受和应用。包括:

- 全班学习:教师主导的、激发全班共同参与教学
- 班级讨论:对重要问题的对话与争论
- 促进提问:学生用来澄清
- 合作学习:以小组形式合作地完成作业
- 同伴教学:学生主导的教学
- 独立学习:个别性地完成的学习活动
- 情感学习:帮助学生检查他们的感受、价值与态度
- 技能发展:学习并练习技能,包括技术性的和非技术性的技能

如何让学习难以忘记

这一部分包含各种方法,可使学生反思他们已经学过的东西,思考将来如何应用。焦点不是你已经告诉过他们的,而是他们已经得到的。相关技巧涉及以下一个或多个方面:

- 回顾:回忆和总结已经学过的
- 自我评估:评价在知识、技能和态度上的改变
- 未来设计:决定学生在课后将如何继续学习
- 离别感想:在课程结束时与学生沟通感受、思想和关心的问题

你将会读到的 101 条技巧在描述上采用以下方式：

- 概述：关于该技巧的目的和适用环境的陈述
- 程序：一步一步指导如何将该技巧应用于你所教的学科
- 活学活用：有关采用该技巧的多种方法与变化的建议

再多说一句

以适合你的需要的方式使用这些技巧。加入你的创造力！记住以下建议：

- 不要广泛试验：不能频繁地试用新方法，具体而言，每周试用的新方法不能超过一种
- 在向学生引入一种新方法时，把它当作常用方法的一种替代品，你认为它值得尝试。看看学生的反应
- 不要给学生太多的活动，正所谓"兵贵精不贵多"，使用少量活动来活跃你的课堂
- 让你的指导水晶般清晰。示范或演示你期望学生们做的，这样就不会出现太多的困惑与干扰

祝你好运！

关于作者
Active Learning

Mel Silberman 博士,美国坦普尔大学(Temple University)教育心理学教授,专长教学心理学,在积极学习领域享有国际声誉。

已出版的著作包括:

The Experience of Schooling(Holt, Rinehart and Winston, 1969)

The Psychology of Open Teaching and Learning(Little, Brown, 1972)

Real Learning(Little, Brown, 1976)

How to Discipline without Feeling Guilty(Dutton, 1980; Research Press, 1981)

Confident Parenting(Warner, 1988)

Active Training(Lexington, 1990)

20 Active Training Programs,Vol. I(Pfeiffer, 1992)

20 Active Training Programs,Vol. II(Pfeiffer, 1994)

101 Ways to Make Training Active(Pfeiffer, 1995)

When Your Child is Difficult(Research Press, 1995)

在普林斯顿积极训练基金的赞助下(赞助号 609 - 924 - 815),Silberman 博士在成百上千个教育、政府和商业机构中为各类教师、培训工作者作了大量的积极学习讲习。

Silberman 博士毕业于芝加哥大学,他在那里取得了教育心理学博士学位。

感　谢

在过去的二十五年间,我与各种层次的职前和在职教师有过大量的接触。他们中的许多人尝试过积极学习技巧,给了我继续发展和开拓的信心。我衷心感谢许多参与此项实验的教育工作者,感谢他们给了我鼓励和建设性反馈。

我还要感谢 Rebecca Birch、Cynthia Denton-Ade 和 Sivasailam Thiagarajan 等人的贡献。他们乐于与我分享近年来他们在积极学习上的观念,同意我在本书中使用他们的一些成果。

感谢我在坦普尔大学的几位研究生,他们在完成本书的过程中给了我许多协助。Craig Loundas 对完成本书作出了特别的贡献。没有 Karen Lawson 的帮助,本书的完成是不可能的。谢谢!

最后,我要感谢纽约 Tuckahoe 公立学校的 Richard Maurer,得克萨斯大学的 Paul H. Westmeyer,马萨诸塞州的 Pollard 中学的 Frank Taylor,感谢他们评阅了本书书稿。

在我的职业生涯中,我的妻子,Shoshana,一直都是我的创造性观念、灵感和爱的源泉。她是我的超级导师与顾问,最"积极"的伙伴。

第一部分 积极学习概述

2400 年前,孔子在论述教育时,曾说到:

对于我听过的东西,我会忘记。

对于我看过的东西,我会记得。

对于我做过的东西,我会理解。

这三句简洁的话可作为积极学习的精要。

我将孔子的智慧作一修改并扩展成我的积极学习信条:

对于我听过的东西,我会忘记。

对于我听过和看过的东西,我会记得一点。

对于我听过、看过并问过问题或与人讨论过的东西,我会开始理解。

对于我听过、看过、讨论过和做过的东西,我会从中获得知识和技能。

对于我教过另外一个人的东西,我会掌握。

为什么我会产生这样一些信条呢?

有几条理由可以证明大多数人会忘记他们听过的东西。其中最有趣的一条莫过于教师讲过的与学生听到的之间的比率。

大多数教师每分钟讲 100—200 个词汇。但是学生会听到多少呢? 当然,这有赖于学生听的方式。如果学生真能聚精会神地听,他们也许能每分钟听到 50 或 100 个词汇,也即教师讲出来的一半。那是因为学生在听讲时思考了很多。学生很难跟上一位健谈的老师。更多的情况是,学生没有聚精会神,因为即便教学材料很有趣,也很难长时间地集中注意力。研究显示学生能够每分钟听(没有思考)400 到 500 个词汇。当听一位老师以四分之一甚至更慢的速度讲时,坚持一段时间后,学生就有可能觉得枯燥,思想便会开小差。

事实上,有研究显示,在以听讲为主的大学课堂,学生保持注意的时间不到 40%(Pollio,1984)。而且,如果学生在开头的 10 分钟内能记住 70% 的话,那么在后 10 分钟内他们至多能记住 20%(McKeachie,1986)。因此,听过"心理学概论"课的学生比那些根本没有听过的学生所知道的只多 8%,也就不令人惊奇了(Richard et al.,1988)。可以想像一下在高中或初中会是什么样的局面!

1

合作教育运动中的两位知名人士，David Johnson 和 Roger Johnson，以及 Karl Smith 指出过听讲型课堂的几个问题(Johnson, Johnson & Smith, 1991)：

- 学生的注意力会随着时间下降
- 只适合于听觉型学习者
- 会促进对事实性信息的低水平学习
- 假设所有学生都需要相同的信息、相同的步调
- 学生会越来越不喜欢

在课堂中加上视觉因素会增加 14％—38％的记忆(Pike, 1984)。研究显示，在教词汇时如果有视觉辅助，会有多至 200％的提高。而且，如果使用视觉手段来辅助动词的呈现，那么所需的呈现时间可减少 40％。一张图纸可能抵不上 1 000 句话，但比仅仅说话的效率要高上 3 倍。

如果教学中既有听觉又有视觉维度，信息便被两个传递系统所强化。而且，呆会儿我们会讨论到，有些学生偏爱一种传递方式超过另一种。通过使用两种传递方式，那么满足多种类型的学生的需要的机会要大得多。仅仅听或看某样东西对学习来讲是不够的。

大脑如何工作

我们的大脑并不像录音机或录像机那样工作。输入信息在被质疑。我们的大脑会以类似下面的方式问问题：

我以前听过或看过这一信息吗？

这一信息适合哪里？我该如何处置呢？

我能假定昨天、上个月或去年我就拥有相同的观念吗？

大脑不仅仅接受信息——它会加工。

为了有效地加工信息，它会执行诸如此类的向内或向外的反思。如果我们与别人讨论信息，如果有人叫我们提问，那么我们的大脑能学习得更好。例如，Ruhl、Hughes 和 Schloss(1987)让学生与同伴讨论教师在课堂上一定时间间隔内呈现的内容。相比没有任何讨论停顿的控制组学生，这些学生的成绩要高上两个等级。

更好的情况是，如果我们对信息做什么，我们就能获得有关我们的理解程度的反馈。根据 John Holt(1967)的观点，如果要求学生针对某信息或内容做下列事情，学习便会得到加强：

1. 用他们自己的话陈述信息。
2. 给出例子。
3. 在各种形式或环境下再认。

4. 找出与其他事实或观念间的联系。

5. 以各种方式使用。

6. 预测它的某些结果。

7. 陈述其相对或相反的方面。

在很多方面，大脑像一台计算机，而我们是使用者。当然，计算机需要处于"on"（开机）的状态才能工作。我们的大脑也需要处于"on"状态。一台计算机需要合适的软件以便解释输入的数据。我们的大脑需要联结正在教的内容与我们已经知道的内容和我们思考的方式。如果学习是被动的，大脑便不会为我们的心理软件做出这些联结。最后，如果没有"保存"，计算机不会保留信息。我们的大脑需要测试信息、重述之，或向其他人解释，以便在其记忆库中储存。如果学习是被动的，大脑便不会储藏已呈现过的信息。

如果教师向学生大量灌输自己的想法（不管这些想法如何有见地、组织得多好），或者教师大量依赖"让我做给你看"式的示范和解释，结果会怎么样？向学生的头脑灌输事实和观念，以及掌握性的操作技能和程序，实际上会干扰学习。这种呈现会给大脑留下即时的印象；但是，没有录像式的记忆，学生们无法保留多少信息。

当然，真正的学习绝非仅仅是记忆。我们所记的东西绝大多数会在数小时内丢失。学习不能囫囵吞枣。要保留教过的内容，学生需要加以咀嚼。教师无法为学生做心理上的工作，因为学生必须将他们所听到或看到的东西整合成一个整体。如果没有机会去讨论、提问、做乃至是教别人，真正的学习是不会发生的。

而且，学习不是一次性的事情。学习是波浪形的。为了理解，须得多次接触材料以充分咀嚼。它还需要多种形式的接触，而不单单是重复输入。例如，教数学时可以采用具体的辅助、通过做练习，也可以通过日常实践活动。每一种呈现观念的方式都可以造就学生的理解。更为重要的是接触的方式。如果是给学生呈现，那么学生的心理参与会较少。如果学习是被动的，学习者就不会对结果（也许除了对分数）感到好奇，不会提高，不会产生兴趣。如果学习是积极的，学习者会寻找某些东西。他或她想要某一问题的答案，需要信息来解决某一问题，或是寻求做某一工作的方法。

学　习　风　格

教育者们已经认识到学习者有着不同的风格。有些学生通过观看他人做某事而能学得最好。通常，他们喜欢以细致的顺序呈现的信息。他们偏爱写下教师讲述的内容。在上课期间，他们一般很安静，也很少受噪音的干扰。与这样一些视觉型学习者不同，听觉型学习者通常不用心看老师所做的，也不记笔记。他们依赖自己

3

听和记的能力。在上课期间,他们可能话多,并容易受噪音的干扰。动觉型学习者主要通过直接参与活动来学习。他们倾向于冲动,少有耐心。在上课期间,如果不能走动或做些什么,他们会感到厌烦。他们的学习方式有些偶然与随意性。

当然,很少有学生是绝对的某一类型的学习者。Grinder(1991)指出在每一个30位学生的团体中,只要教师能提供一种混合了视觉、听觉和动觉的活动,平均有22人能有效地学习。然而,剩下的8位学生,因为特别偏爱三种类型中的一种,除非教学内容能以他们偏爱的方式呈现,否则他们将处于挣扎中。为了满足这些需要,教学必须是多感觉通道的,要充满变化。

教育者们已经注意到学生学习风格的变化。在过去的15年里,Schroeder和他的同事(1993)给大学新生施测梅耶—布里吉斯类型测验(Myers-Briggs Type Indicator,MBTI)。MBTI是当今在教育和商业领域使用最广的测验工具之一,在了解学习过程中的个体差异时特别有用。他们的结果显示大约60%的新生对学习有着实践而非理论导向,而且这一比例逐年增加。学生们喜欢参与即时的、直接的和具体的经验而不是先学习具体的概念再应用之。其他的MBTI研究,发现高中学生偏爱具体的、积极的活动而不是抽象的、反思性的活动,两者的比率是5:1。综合这些研究的结果,他总结认为积极的教学方式能为今天的学生创造最好的匹配。要有效地教学,教师应该用到下列方式:小组讨论和项目、班内呈现和辩论、实验性练习、现场经验、模拟,以及个案研究。特别地,Schroeder强调,如今的学生"能够较好地适应小组活动和合作学习"。

如果考虑到现代生活的积极步调,对以上发现就不会太感意外。如今的学生,生活在一个变化很快、选择很多的世界。生活比以前任何时代都更为多姿多彩,事物(不管是虚拟的还是现实的)在飞速地变化着。

学习的社会属性

因为如今的学生处在一个知识爆炸、快速变化和不确定的世界,他们会焦虑而具有防御心理。Abraham Maslow教导我们,人类自身有两股力量或需要——其一是成长的渴望,其二是安全。如要某人非得从二者中选择其一,他会选择安全而不是成长。在冒险和探索新的世界之前,先得有安全感。在Maslow看来,成长是小步调的,"每前进一步都得基于安全感"(Maslow,1968)。

获得安全感的一种重要方法是与其他人联系,为某一群体接纳。这种归属感使学生们能够直面挑战。如果他们与其他人一起学习而不是独自学习,他们便能够获得情感与智力支持,从而使得他们能够超越现有的知识和技能水平。

Jerome Bruner在他的经典著作《朝向一种教学理论》中,指出了学习的社会性。

他描述了一种"对他人作出反应、与他人共同朝某一目标奋进的深层的人类需要",他称之为交互性。Bruner 宣称交互性是一种动力源,任何老师都可用之来刺激学生的学习。他写道:"如果需要合作行动,如果某一团体为了达到某一目标而需要交互性,那么看起来会产生一些将个体带入学习状态的过程,让他进入一种团体环境所需的能力状态。"(Bruner, 1966)

Maslow 和 Bruner 的这些概念导致合作学习的方法在当今教育界非常流行。将学生安置进某一团体,给他们布置一些需相互依赖才能完成的工作任务,这是一种很好的利用学生的社会性需要的方法。在与同伴一起做事情时,他们会显得更加投入。一旦卷入,他们就会相互交流体验,从而导致更紧密的联系。

合作学习活动有助于驱动积极学习。虽然独立探究和全班教学也能够刺激积极学习,但是通过小群体合作活动教学能够使你以一种特别的方式推动积极学习。某学生同其他人讨论或教其他人将能使他自己获得理解与掌握。最好的合作学习方法,如所谓的 Jigsaw 课程,能满足这些要求。给不同的学习者布置不同的作业不仅能够推动学生们一起学习,而且有助于他们互教互学。

对积极学习的疑虑

虽然我用了这许多论据来支持积极学习,仍会有许多教师对之感到不能完全理解。如果你有任何疑虑,我希望以下应答能有些帮助。

- **积极学习是否只是一堆"搞笑与游戏"?**

不,它不仅仅是搞笑,虽然积极学习可能是搞笑的,但有其价值。事实上,很多积极学习技巧给学生呈现的是不寻常的挑战,需要更为艰苦的努力。

- **积极学习是否会过于关注活动本身而使得学生们不会思考自己正在学什么?**

这是个很好的问题。积极学习的许多价值来源于在活动结束或与其他人讨论活动的意义时的思考。不能忽视这一事实。《积极活动》这一本书包含有许多建议,可以帮助学生们反思自己的体验。在一项积极学习活动之后稍作讲述是很有价值的,有助于加强学生们体验到的与你所要讲授的观念间的联系。

- **积极学习是否需要花费很多时间? 如何利用积极学习方法讲授学科内容?**

很显然,积极学习会比直接教学花费更多时间,但有很多方法可以避免无谓的浪费时间。而且,即便一堂课能够讲得面面俱到,学生们真正学到了多少也是一个问题。讲课者有一种将某一主题的所有可能的内容全部讲到的倾向。毕竟,在他们看来,要想使学生有所收获,最好不要漏掉任何内容。然而,在积极学习课堂,课程是"瘦身"的,目标也有限。指导这种课堂的老师明白,学生们忘记的远比他们记得的东西多。如果内容水平中等,老师就有时间提供活动,从而导入、呈现、应用和反思正在学习的内容。

- **积极学习方法能否使得枯燥、无趣的信息变得生动有趣？**

绝对可以！有趣的内容是很容易教的。如果学习内容枯燥无味，积极学习方法中特有的刺激可以抓住学生，激励他们掌握即便是枯燥的材料。

- **如果在积极学习中使用团体或小组形式，如何阻止他们浪费时间？**

如果在课堂开始时很少进行团队建设，如果团队任务没有从一开始就进行细致的结构化组配，那么团队的效率就会很低。学生们对要做什么感到困惑，组织性差，就容易脱离任务。或者他们会尽快地完成任务，采用蜻蜓点水的方式，谈不上深入。有多种方法教学生们如何进行团队学习，例如，在团队中进行角色分配，建立团队基本规则，实践团队技能，等等。本书中的很多技巧会涉及这一问题。

- **在积极学习中能够"将团队进行到底"吗？**

是的，有的老师的确这么干，他们过多地使用团队。他们不给学生足够的机会去单独学习，也很少对全班一起教学并讨论。其中的关键是变化。各种学习模块是良好教学的调味料。《积极学习》一书中的几种技巧将给你小团队学习的多种选择。

- **在基于团队的积极学习方法中，学生们有相互误导的危险吗？**

我认为确有一些危险，但是学习社会性带来的好处远远超过坏处。无论如何，在学生自己进行积极活动、学生互教互学之后，教师总有机会为全班作一回顾、总结。

- **我是彻底信服了积极学习，但不知学生们是否也会信服。**

他们越是不习惯于积极学习，启动时就越不容易。他们习惯了看老师做一切，自己坐在那里，相信自己已经学到东西并能记住。有些学生会抱怨积极学习是在浪费时间。他们喜欢组织良好、有效传递的信息，或者对于通过探索和自我发现进行学习感到焦虑。从长远来看，他们能与其他任何人一样从积极学习中受益。从短期来看，如果你能逐步地导入积极学习，就能够减轻他们的焦虑。否则，你会遇到阻抗。

- **使用积极学习方法进行教学是否需要更多的准备和创造性？**

既是，又不是。一旦上手，额外的准备和创造性在感觉上就不像负担。你将对你的教学感到激动，这种能量会传递到你的学生的学习上。到那时，你会发现为积极学习产生创造性观念是一种挑战。首先，你将非常想知道究竟如何才能积极地教好某一主题！这当然是《积极学习》关注的问题。书中将为你提供一些具体的方法，去建构活动、产生变化并融入课堂，从而使得转变过程更顺畅。书中的每一条技巧，都有如何将之融入你所教科目的建议。我相信每一条技巧对任何学科来讲都是有用的。然而，在接触每一条技巧时，请尽量不要成为被动的读者。选定某一教学主题或预期将来会教的主题，在阅读时放在心上。通过保持一种问题解决心向而不是仅仅接受信息，你就能成为一个积极的阅读者，并以自己的方式成为一名积极的老师。

积极学习的具体细节

在阅读本书描述的 101 种积极活动策略之前,考虑我所谓的积极学习的具体细节也许是有用的。我发展出了许多小技巧,可用来组织和推动积极学习,帮助教师在积极学习过程中快速作出选择。其中许多观念是人尽皆知的,也许你早已用到了其中的某些。但是我希望作一次系统的罗列,从而使你在推动积极学习时更从容。请将之作为你的教学菜单,在任何时候你都可以从中选择你想要的观念,使学习变得积极起来。

10 种课堂布局

课堂的物理环境能有利于积极学习,也能破坏积极学习。没有哪一种设置是最理想的,但确实有多种选择。对积极学习进行"内部装修"是有趣而具有挑战性的(特别是在教室里的设施比理想状态少时)。有时候,将设施稍作调整便可创设不同的环境。即便是传统的课桌也可组合在一起,形成不同的布置。如果你选择这样做,可让学生帮忙移动桌椅。这也能让他们"积极"起来。

这里所描述的布置不是说就要永久固定下来。如果课堂内的摆设可移动,就可使用你认为合适的几种布置。下面是一些布置环境的建议,看了这些,你会发现,哪怕是最传统的课堂环境,都可作适当改变和利用,以推动积极学习。

1. U 形:这是一种能用于各种教学目的的布置。学生有阅读或写作的桌面,能容易地看到你或其他视觉媒体,相互之间能面对面联系。学生结对也很容易,特别是在一张桌子配两把椅子的情况下。这种安排对于分发材料很容易,因为你可以进入 U 形走到任何一个点。

你可以如右安排桌椅,摆出 U 形;

你也可以按一种半圆形安排桌椅。

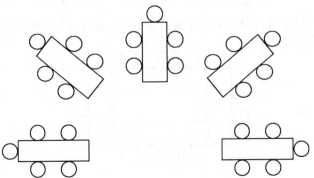

2. 团队风格：将圆形或矩形桌子围绕教室组合，从而有利于你与各团队互动。你可以安排座位环绕桌子，以制造最亲密的布置。如果你这样做，有些学生将不得不转过椅子来看你、黑板或屏幕。

或者你也可以让座位成半圆形，这样就没有学生需要背对着教室前面。

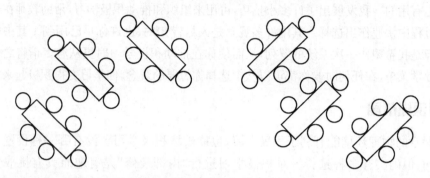

3. 会议桌风格：如果桌子是相对圆形或方形的，这是很好的一种风格。这种布置将教师的重要性最小化，而将班级的重要性最大化。长方形的桌子能创设一种正式感，如果教师位于桌子的一端的话。

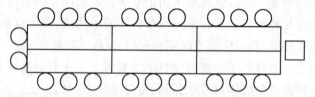

如果教师坐在桌子的中间，那么两端的学生会产生一种被遗漏的感觉。

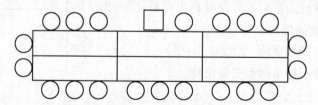

你也可以通过组合几张小桌子来形成会议桌式的布置（中间通常是空着的）。

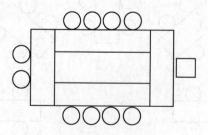

4. 环形： 简单地将学生安排成圆形,没有桌子或椅子,产生最直接的面对面互动。环形对于全组讨论而言是最理想的。如果教室有足够的周边空间,你可以让学生快速地移动椅子,形成小组。

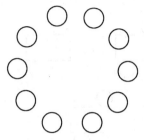

如果要给学生安排一个书写台面,可以使用外周作安排。在想要进行团体讨论时让他转过椅子便可。

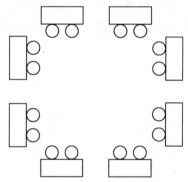

5. 同心圆风格： 这种布置能让你安排玻璃鱼缸式讨论(下一节会讨论到)或者安排角色扮演、辩论或观察团队活动。最典型的设计包括两圈椅子。或者你也可以在中间放置一会议桌,外围放置椅子。

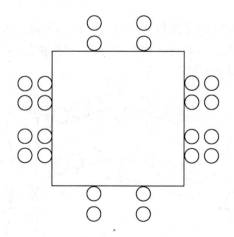

6. 工作站：这种布置适合于活跃的、实验风格的环境，每一位学生在看过演示之后可以坐在"工作站"上操作某一程序或任务(例如，操作电脑、机械或做某一实验)。鼓励学习伙伴(下一节会讨论到)的最好方式是在同一"工作站"上安排两位学生。

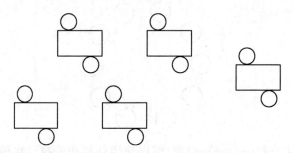

7. 爆炸式分组：如果教室很大，或者邻近的空间很方便，那么可以将桌椅安置成不同的小组，其中每一个小组都能参与团队学习活动。可以尽可能地将各组隔开，以使得互不干扰。当然也要避免过分隔开，使得相互联系起来都很困难。

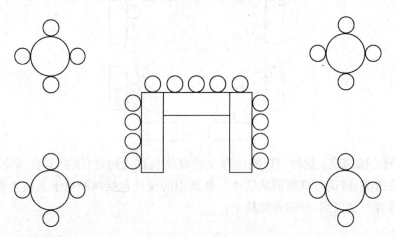

8. 肩章式安排：传统的课堂布置(一排排桌椅)不能促进积极学习。一种重叠的 V 字形或肩章式的安排能拉近人之间的距离，产生更好的正面视觉效果，比直排式有更多的看到其他同学的机会。

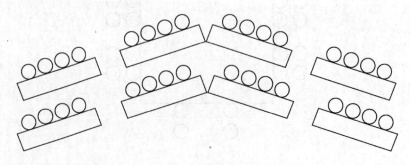

9. 传统的教室：如果没法将桌椅团起来，那么请试着将学生两人一组排好，这有利于结成学习伙伴。试着将桌椅安排成偶数排，并在排与排之间留下足够的空间，这样奇数排的学生在必要时转过椅子便可以与后排形成四人一组的形式。

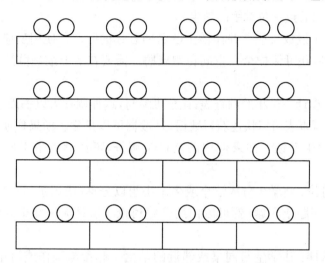

10. 礼堂式：虽然礼堂式给积极学习提供的环境有限，但仍有希望。如果座位可移动，可试着将之安排成弧形，这样距离更近，学生们的视线会更好。

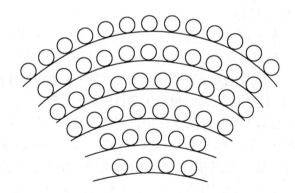

如果座位是固定的，可以让学生尽量往中间坐。请记住：不管班级有多大，受众有多少，你都能将他们配对，使用包括学习伙伴的积极学习活动。

10 种保证随时参与的方法

没有学生的参与就没有积极学习。有多种方法可以促进讨论和获得学生的反应。其中有些特别适合于时间有限或需要劝诱学生参与的情况。你也可以将这些方法结合起来使用——例如，使用分组讨论，让每一个小组选派一位代言人组成专门小组。

1. 开放式讨论：提出某一问题，让整个团体放开讨论，不再提供进一步的指导。开放式讨论的直接质量是诱人的。如果你担心讨论可能花费时间太长，可以事先提示："我想请四到五名同学来与大家分享……"以鼓励学生举手，问"有谁知道如何回答我的问题"，然后点一位举手的学生。

2. 反应卡：发放反应卡并让学生匿名回答你的问题。使用反应卡可以节省时间；因其匿名性，还可保护个人空间免遭威胁。需要在卡上准确陈述你的回答是另外一项好处。

3. 调查：设计一份小的调查表，让全班参与，这种调查可以书面进行，也可以口头进行。使用调查表可以快速获得数据，且数据可以量化。如果你使用的是书面调查，要尽快给学生反馈。如果使用的是口头调查，可让学生举手或请学生展示答案卡。

4. 分组讨论：将学生分成三个或多个小组以分享（或记录）信息。如果你有足够的时间推进问题或主题，就可以使用分组讨论。这是促进每个人都参与的主要方法。

5. 学习伙伴：让学生与同桌或邻近的学生一起参与工作或讨论重要的问题。如果你想要每个人都参与，但时间不足以进行分组讨论，就可以使用学习伙伴的方法。对于发展支持性关系来说，或者在参与某项复杂活动但又无法组成大组的情况下，配对是一种很好的方法。

6. 议长制：团体成员轮流对主要问题作出简短反应。如果想要快速地从每一位学生获得一些东西，议长制是个好方法。在实施议长制时，诸如"我想要在我国实施的一项变化是……"之类的句子补缺是非常有用的。学生可以选择"Pass"来弃权。为了避免重复，在该过程中可要求每位学生都作出新的贡献。

7. 专门小组：邀请少数几位同学在全班同学面前表达其观点。可以通过询问一定数量的坐在座位上的学生的观点来创设非正式小组。如果时间许可，可以使用专门小组来对你的问题作出集中性的、认真的反应。小组成员要轮换，以提高参与度。

8. 玻璃鱼缸：让一部分学生组成讨论小组，其他人则围在讨论小组周围作为听众。讨论小组实施轮换。虽然比较费时，但玻璃鱼缸是融合大组讨论与小组讨论的优点的最好方式。作为围圈式的一种变化，可以让学生呆在座位上，邀请其中几桌作为讨论者，其余人作为听众。

9. 游戏：利用有趣的活动或小测试游戏来激发学生的观念、知识或技能。某些家庭肥皂剧或诸如"冒险者！"这样的电视节目可以作为游戏的基础，用以激发学生的参与。使用游戏来点燃参与的热情。游戏还有助于制造一些学生们难以忘记的兴奋点。

10. 点下一位发言者：如果学生们想要分享自己的观点，可让他们举手示意，由当前的发言者点下一位发言者（而不是由教师来扮演这一角色）。如果你确信在讨论或活动中有许多的兴趣，你希望提升学生间的互动，那么可以使用这一技术。

给学习伙伴的 10 种作业

虽然我们刚刚讨论过了 10 种获得学生参与的办法，使用学习伙伴还是值得特别注意。促进积极学习的最有效的方法之一是将全班分成一对一对，组成学习伙伴。学习伙伴可以短期也可以长期。学习伙伴可以承担范围很广的快速任务，也可以从事费时的作业，例如下列这些。

1. 一起**讨论**某一书面文档。
2. 就某一文章、讲课、录像或其他任何教育活动，相互**交流**，关注伙伴的反应。
3. 相互**评论**或修改书面作业。
4. 对某一次阅读相互**提问**。
5. 一起**重述**某一堂课或其中一部分。
6. 一起**拟出**问题来问老师。
7. 一起**分析**某一个案、练习或实验。
8. 相互**考查**。
9. 对老师的问题作出**反应**。
10. 比较彼此的上课**笔记**。

获得学生期望的 10 个问题

在积极学习环境中，学生的需要、期望和关注点会影响教师的教学计划。你可以采取各种问题来获取学生的目标。其中有些可能特别适合于你所面临的情景。你可以通过先前讨论过的 10 种方法获得学生的参与，进而获取学生的答案。

1. 对于所学学科或课程的名称你有什么问题？
2. 你想从这一课程中获得什么信息或技能？
3. 你不需要什么信息或技能？
4. 你想从这一课中得到什么？说出某一事情。
5. 你对这一课有何希望？你关心什么？
6. 课堂目标与你的需要匹配吗？
7. 你感觉自己需要拥有什么知识或技能？
8. 你对这一课程有何期望？
9. 为什么你会选这一门课（如果是选修课）？为什么你会来？
10. 对这一主题，你从以前的课堂中获得过什么？

10 条改善讲课效果的建议

讲课在大多数时候是最受推崇的方法,但在积极学习环境中有它的位置吗? 如果使用得过于频繁,讲课将很难导致真正的学习,但有时候的确效果不错。在用到讲课的时候,教师要首先建立兴趣,最大化理解与记忆,获得学生参与,强化所呈现的内容。下面是一些有用的建议。

建立兴趣

1. 开篇故事或兴趣点: 针对你将要讲述的内容,提供相关的典故、虚构故事、卡通或图片,以抓住学生注意。

2. 启动性问题: 针对你的讲课内容,提出一个中心问题。

3. 测试问题: 提出一个问题(即便他们拥有的相关知识很少),这样他们就有动力来听讲以寻求答案。

最大化理解与记忆

4. 提纲: 将你讲课的主要观点缩减成几个关键词,作为提纲或记忆辅助手段。

5. 举例和类比: 对讲课中的观点提出现实生活的描述,如果可能,在你的材料与学生已有知识和经验间创设比较。

6. 视觉辅助: 利用幻灯片、挂图、投影等视觉手段,使学生即听到又看到。

加强学生的参与

7. 现场挑战: 间断性地停止讲课,让学生为已呈现的观念提供实例,或是回答现场小测验。

8. 说明性活动: 在讲解时,插入一些小活动来说明你的观点。

强化讲解内容

9. 应用问题: 提出某一问题,让学生基于讲课内容去解决。

10. 学生回顾: 让学生们相互间回顾讲过的内容,或给他们一份自评性测试。

组成学习团队的 10 种策略

小团队工作是积极学习的重要部分。很重要的一点是快速而有效地组成团队,同时,在课堂上根据需要改变组合,有时甚至改变团队大小。下面是一些有趣的方法,可以让学生选择自己要加入的团队,或将学生分配到某一团队。

1. 分组卡: 确定班级的总人数,及你要分成的组数。例如,在一个 20 人的班级,某一活动需要 4 组 5 个人的团队;另一活动需要 5 组 4 个人的团队;还有一活动需要 6 组 3 个人的团队,另需 2 位观察者。利用颜色旗(例如,用红、绿、蓝、黄来分 4组)、动物棒(例如,狮、猴、虎、熊、象来分 5 组),或用数字(第 1 至第 6 组)。随机分配数字、旗子或动物棒来给学生分组。学生们可以快速地移动到各自的组中,从而节省时间,消除困惑。要使这一过程更高效,你还可以在各组区标上指示性记号。

2. 拼板:可以买一些儿童拼图或根据杂志上的图片自行剪制一些;根据班级人数和你要分成的组数,选用或剪制出不同大小、形状和所含拼件数量的图。把拼件打散、混合,给每位学生分发一个拼件。在开始分组时,让每位学生拿着自己的拼件去找准位置,拼成一幅完整的图。

3. 找出有名的虚构朋友和家庭:找出一系列有名的家庭成员或三至四人一伙的朋友圈(例如,小飞侠与他的朋友们,超人与他的搭档们)。找出相同数量的虚构人物来标示学生。将这些虚构人物写在卡上,洗乱,每个抽一张,从而创设出团队。一旦有名的团队完成了,学生们就能找到自己的归属。

4. 姓名标签:使用不同形状或颜色的姓名标签来分组。

5. 生日:让学生按生日排列,按某一活动的需要将学生分成若干组。在大的班级,可按出生月份分组。例如,60名学生可粗略地按月份分成3组:(1)1月、2月、3月、4月为一组;(2)5月、6月、7月、8月为一组;(3)9月、10月、11月、12月为一组。

6. 游戏卡:用一副游戏牌来分组。例如,用牌里的J、Q、K和A来创设4个4人小组,依学生多少可增加牌的数量。将牌洗开,让每位学生抽一张,从而分组。

7. 抽数字:确定你要创设的团队的数量与大小,在纸条上写下数字,混在一个箱子里,学生从中抽取一张纸条,从而分组。例如,如果你想分成4个4人小组,就需16张纸条,写上4组数字。

8. 喜爱的糖:捧出一包糖,其中有各种口味的无糖糖果,让学生从中选出一种自己喜欢吃的,从而对学生分组。例如,可以分成柠檬味、奶油味、樱桃味、薄荷味4组。

9. 选择喜欢的项目:根据同一主题选择不同的玩具,并用之来对学生分组。例如,你可以选择交通工具并用汽车、飞机、轮船、火车来分组。

10. 学习材料:你可以使用色纸、有色便条、标签等对学生的学习材料编码,从而事先对学生分组。

10种选择团队领导和分配其他工作的方法

一种行之有效的推动小团队积极学习的方法是给团队成员分配不同的工作,如**领导、召集人、记时员、记录员、发言人、观察员**等。通常,你只需要让学生们志愿担任就行。但有时候使用一种创造性的选人策略也是有趣且有效的。

1. 按字母分配:确定所需的"岗位"数,按学生名字的首字母顺序分配,组大的时候,可循环轮转。

2. 按生日分配:按学生的出生日期分配岗位,组大的时候,可循环轮转。

3. 数字抽签:确定所需的岗位数,团队成员抽签上岗。

4. 彩色标签：为每一岗位确定一种颜色。身上穿有某种颜色者即担任某一岗位。

5. 穿戴：通过学生的穿戴来分配责任，例如穿球鞋的、戴眼镜的、穿牛仔服的等。

6. 投票：让团队成员投票决定各个岗位。投票的形式可以多种多样。得票数量最多的人得到相应的岗位。

7. 随机分配：让每一个成员计算家庭电话号码后四位的和（例如，9999 的和是36）。然后公布从 1 至 36 间的一个数字。团队成员中家庭电话号码后四位的和最接近的将得到相应的岗位。

8. 宠物喜爱者：拥有宠物数量最多的成员得到该岗位。

9. 家庭规模：家庭成员最多（或最少）的团队成员得到该岗位。

10. "喜从天降"：在上课之前，在每一组中放置一签条。放置签条的方式有放在座位上、放在教学材料上、放在名册中等。撞上签条的人得到相应的岗位。岗位多时，可用不同颜色的签条。

10 种促进讨论的技巧

课堂讨论在积极学习中有着极其重要的角色。听取各种观点可以挑战学生的思维。在团队讨论中，你的角色是促进观点在成员间流转。虽然没有必要在每一位学生讲完之后都插话，但间断性的协助还是有益的。下面是 10 种你可以用来引导讨论的技巧。

1. 小结　某位学生说过的话，这样该学生会感觉到有人理解了，其他学生也能感到一种更精确的总结，例如：

这样，你的意思是我们在说话时用词要小心，因为某些人可能会因此而受到冒犯。

2. 检查　你对学生所述观点的理解或让学生来澄清他/她所说的，例如：

你确信现行的政治改革走得太过了？我不能肯定是否已确切地理解了你的意思。能否给我们重述一遍？

3. 赞扬　某一有趣的或有见地的观点，例如：

这种观点很多，很高兴你让我们知道这一点。

4. 阐述　学生对讨论的贡献，可以举例子，也可以建议一种新的视角，例如：

你从少数人的立场提出了一个有趣的观点。我们还可以看看多数人如何看待这一问题。

5. 加强　某一观点，可以通过加快步调，使用幽默，或者必要时挑起更多的讨论，例如：

噢,全班鸦雀无声!这对你是一个挑战。在接下来的两分钟内,让我们看看你能说出多少应该进行政治改革的地方。

6. 不同意 (委婉地)某学生的观点,以引发更深的讨论,例如:

我清楚了你的出发点,但是我不认为事情总是像你所描述的那样。其他同学有谁有过与 Jim 不同的经历?

7. 调节 同学间观点的差异,缓解可能引发的紧张,例如:

我认为 Susan 和 Mary 并不是真的相互反对,只是从一个问题的两个方面来说明问题。

8. 拉拢 多个观点,展现相互间的关系,例如:

大家从 Dan 和 Jean 的说法中可以看到,我们的用词有时会冒犯人。他们都给了我们一个例子,说明性别用语有时如何会让我们感受到被歧视。

9. 改变 团队进程,可以通过改变参与的方法,或让团队进入下一个阶段,例如:

让我们分成更小的团队,看看能否以某种标准建立一个性别敏感词词库。

10. 总结 (并记录,如果需要的话)团队的主要观点,例如:

对于有害的用词,从讨论中我已记下了三个主要观点:(1)它们会排斥一些人;(2)它们会伤害一些人;(3)它们仅仅由主流文化决定。

10 个促进体验式活动的步骤

体验式活动确实能使学习更为积极。此类活动一般包括角色扮演、游戏、模拟、视觉化和问题解决任务。体验某事比听到谈论某事要好。在促进体验式活动时,以下 10 个步骤值得借鉴。

1. 解释你的目标。学生们喜欢知道会发生什么及为什么。

2. 解释好处。说明为什么你要做该活动,该活动与以前的活动间有何联系。

3. 在给出指导时语速要慢。你也可以提供视觉背景,确保学生理解了指导语。

4. 如果指导很复杂,可演示之。让学生在做之前看一遍。

5. 在给出进一步的指导前,将学生分成若干小组。如果不这样,学生在分组前可能会忘记指导。

6. 告诉学生他们有多少时间。说明整个活动有多少时间,之后间断性地通知还剩多少时间。

7. 保持活动连贯。不要因为无休止地记录学生的贡献而让活动慢下来,也不要让讨论拖得太长。

8. 挑战学生。如果活动中产生了中等水平的紧张,将更具活力。如果活动不过是小菜一碟,学生就会打不起精神。

9. **总是讨论活动。**在总结活动时,邀请学生分享活动所激发的体验及得到的启示。

10. **细致地组织第一感觉讨论。**引导学生讨论,问少数几个问题。如果学生分成了小组,可让他们轮流作简短的分享。

10 种角色扮演方法

角色扮演是一种特别有用的体验式学习方法,可以用来激活讨论、重现某一事件、操练技术或体验某一现象。要想成功地进行角色扮演,知道各种剧本和安排方式是很有帮助的。

剧本

1. **自由形式:**给出某种一般性场景,让学生自由发挥。

2. **限定式:**给出事先准备好的详细指导,告诉学生有关角色的方方面面,以及如何扮演。

3. **半限定式:**告诉学生有关场景的背景信息,要扮演的角色,但不告诉他们如何处理该场景。

4. **生活重演:**学生可以重演生活中的真实情景。

5. **剧本阅读:**给出事先准备好的脚本,让学生阅读后演出。

安排

6. **同时:**所有的学生结对演出二人剧,三个一组演三人剧,等等,同时演出。

7. **前台式:**一位或多位学生在团体前面演出,其余学生作为观众,并给出反馈。

8. **轮换式:**团体前演出的演员可以轮换,通常是演出过程中打断角色扮演,轮换其中一位或多位演员。

9. **不同的演员:**同一场景由多位演员轮着演,这样可以观察到多种风格。

10. **重复:**可将角色扮演活动重新来一次。

10 种节省积极学习时间的方法

不管你采取哪种方法,积极学习总得花时间。因此,不浪费时间是很重要的。然而,很多教师会控制不住浪费时间。下面是一些可以节省时间的方法。

1. **准备开始。**这一动作给下面的人的信息是你是认真的。如果学生没有到齐,你可以先开始讨论或进行筛选性活动,就是人没到齐也可以进行。

2. **给出清楚的指导。**如果学生不清楚如何进行,就不要开始活动。如果指导有些复杂,可以用书面的。

3. **提前准备视觉化信息。**不要在学生观看时制作幻灯片。将要点事先准备好。另外,决定是否记录学生的反应也是必要的。如果确有必要记录,也不要记录课堂讨论的所有话语。使用"要点"来抓住学生的观点。

4. 快速分发材料。如果有材料要分发,可事先分成几大份,然后每个区域给出一大份,这样分的时候有学生协助,分起来会快一些。

5. 小组快速报告。让各个小组在图纸上列出他们的观点,并将图纸贴到教室的墙壁上,这样就能同时评价、讨论所有小组的观点。或者,让每个小组一次只发表一个观点,其他小组听听有没有与自己的观点相重复的观点,说过的观点不再重复。

6. 不要让讨论拖延。表达讨论有继续的需要,而且,在随后的讨论中,记得叫那些被打断过的学生。或者,在开始讨论时设定时间限制。

7. 快速获得志愿者。不要无休止地等待志愿者出现。可以在课堂或休息过后重新开始前招募好志愿者;如果没有马上出现志愿者,可以叫个别学生。

8. 准备好应付冷淡的小组。提供一系列观念、问题甚至答案,让学生选择他们认可的;通常,你所列出的内容会引发学生的思想与观念。

9. 加快活动的步调。通常,将学生置于时间压力之下会激活他们,使他们更具活力。

10. 获取班级的快速注意。利用各种线索或注意获取设备来让全班知道:你已经准备好小组活动,之后重新召集他们。

10 种对付学生开小差的干预方法

对于那些过多倚重讲课和全班讨论的老师来说,课堂管理问题经常令人烦恼,采用积极学习技术可以大大减少这种烦恼。显然,诸如专断、干扰和退缩之类的行为仍会发生,下面是一些可以用到的建议。有些对个体有用,另一些则适用于全班。

1. 非言语信号。与学生目光接触,或者走近他们,可以有效地干预他们开小会、打瞌睡或躲避参与。做出停止的手势让正在讲话或做其他动作的学生停下来。

2. 积极倾听。如果有学生专断讨论、话题扯远或与你争论,可通过总结他们的观点来打断他们,并叫其他人接着说。或者你可承认他们的观点的价值,或邀请他们在休息时继续与你讨论。

3. 一碗水端平。如果在班级里有些学生总是起来讲话而另外一些人则总是退缩,可抛出一个问题,问有多少人知道如何反应,你会发现有新的面孔举起了手,叫这些人。这一技术还可用来在角色扮演中获取志愿者。

4. 激活参与规则。再三地告诉学生,你喜欢用到下列规则:

- 在角色扮演中不要笑
- 只有至今没有发过言的学生可以参与
- 依赖相互的观点
- 为自己说,而不是为别人

5. 使用善意的幽默。 一种扭转问题行为的方法是使用幽默。当然，注意不要挖苦、讽刺，以免伤人。软柔地抗议骚扰（例如，"今天差不多了吧！"）。幽默地拿你自己而不是学生开涮（例如，"我想我是活该"）。

6. 私下沟通。 不管学生是有敌意的还是退缩的，请在休息时再与其沟通。如果你确实对他们有兴趣，他们一般不太可能会继续给你难堪或与你保持距离。

7. 改变参与的方式。 有些时候，通过改变活动安排方式，例如使用两人配对组成小团队，而不是全班一起，你可以控制问题学生带来的麻烦。

8. 忽视负面行为。 不要注意那些小的噪音行为。继续上课，看看他们是否会继续。

9. 私下讨论非常负面的行为。 如果对学习造成破坏，你必须喝止。在私下里，坚决地要求这些学生作出行为上的改变。如果全班都参与进去了，必须停下来，清楚地解释为有效地教学你需要学生们怎么做。

10. 不要将你碰到的困难牵扯进来。 请记住，许多问题行为与你无关，之所以发生是因为学生个人心中有恐惧、有需要，或要转移对另一个人的愤怒。试着找出某种线索，问问学生他们能否将影响他们积极参与课堂的问题先搁在一边。

参 考 文 献

Bruner, J. *Toward a Theory of Instruction*. Cambridge, MA：Harvard University Press, 1966.

Grinder, M. *Riding the Information Conveyor Belt*. Portland, OR：Metamorphus Press, 1991.

Holt, J. *How Children Learn*. New York：Pitman, 1967.

Johnson, D. W., Johnson, R. T., & Smith, K. A. *Active Learning：Cooperation in the College Classroom*. Edina, MN：Interaction Book Company, 1991.

Maslow, A. *Toward a Psychology of Being*. New York：Litton Educational Publishing, 1968.

McKeachie, W. *Teaching Tips：A Guidebook for the Beginning College Teacher*. Boston：D. C. Heath, 1986.

Pike, R. *Creative Training Techniques Handbook*. Minneapolis, MN：Lakewood Books, 1989.

Pollio, H. R. *What Students Think About and Do in College Lecture Classes*. Teaching-Learning Issues No. 53. Knoxville：Learning Research Center, University of Tennessee, 1984.

Rickard，H. ，Rogers，R. ，Ellis，N. ，& Beidleman，W. "Some Retention, But Not Enough." In *Teaching of Psychology*，1988，*15*，151－152.

Ruhl，K. ，Hughes，C. ，& Schloss，P. "Using the Pause Procedure to Enhance Lecture Recall." In *Teacher Education and Special Education*，1987，*10* (1)，14－18.

Schroeder，C. "New Students—New Learning Styles." *Change*，September－ October 1993，21－26.

第二部分　如何一开始就让学生变得积极

无论你上什么课,在一开始就让学生变得积极是非常重要的。如果你没能做到,就有陷入被动的风险,就像水泥经过一段时间就会凝固一样。组织一些启动活动,让学生对学科内容开始了解、趋向,激活他们的心理,引起他们的兴趣。这类经验可算作是一道美味的"开胃菜"。虽然有些教师只是选择在开始时作一短小的介绍,但是在你的教学计划中至少加进一个启动活动来作为第一步还是很有益处的。让我们来看看为什么。

起　始　目　标

在积极活动的一开始,需要达成三个重要目标。即便该门课只开设一学期,它们的重要性也不容忽视。这三个目标是:

1. **团队建设**:帮助学生相互认识,创设一种合作和互助的气氛。
2. **现场评估**:了解有关学生的态度、知识与经验。
3. **迅速投入学习**:创造对学科内容的初始兴趣。

所有这三个目标,如果达成,将有助于形成一种学习环境,提升学生参与积极学习的意愿,创设一种积极的学习氛围。无论如何,花上少至 5 分钟、多到 2 小时(要看整个课程的长度)的时间用于启动活动是值得的。在整个课程中再三地提到这些活动也有助于加强团队建设,细化测评和重建学生对学科内容的兴趣。

在这一部分,我们将审视 23 种达成这三个目标的策略。你会发现其中一些对你是有用的。在你选择启动策略时,请考虑以下几点。

1. **威胁水平**:你所教的班级对新的观念或活动开放吗?或者你希望学生在一开始就持怀疑和保留的态度吗?以一种揭示学生知识或技能的程度的策略启动课程可能是有风险的:他们还没有准备好暴露底线。换一种方法,采用让参与者评价他们熟悉的事物的策略更能激发他们对课堂的参与。

2. **对学生整体的适合性**:相比一班五年级的小学生,青少年或成人课堂对于游戏活动的接受性要低一些。相比男生,女生也许更乐意与人分享内心感受。当你选择一种启动活动时,你便为全班设置了一个舞台;考虑你的观众与计划的适合性。

3. 与学科内容的相关性： 除非你的兴趣只是简单地交换姓名，否则你将要读到的这些策略将给学生提供良好的学习课堂内容的机会。选择一种能够反映你将要教的内容的策略。活动与内容的关系越近，向主体学习活动的转变也越容易。

上述这些考虑与你的教学过程的每一个方面都有关，对起始阶段尤其重要。良好的开端是成功的一半。看起来有威胁的、傻乎乎的、与课堂正题无关的启动活动会制造一种难以消除的尴尬气氛。

团队建设策略

第一组策略可用以帮助同学们相互认识或者在一个已经相互认识的群体中创设一种团队精神。通过让学生们移动位置，坦诚、开放地分享观念与感受，完成某件能引以为豪的事情，这些策略还能够改善积极学习环境。这些策略中的许多在教育领域已广为人知。有些是我自己的独创。所有这些都能使学生从一开始就变得积极。

你在使用这些团队建设策略时，可试着将之与你上课的学科内容联系在一起。另外，可试一试那些对你和同学们都是新的策略。当今世界，学生们喜新厌旧的倾向越来越严重。他们喜欢那些全新的活动。

1. *交易位置*

概　述

　　这一策略让学生们相互认识,相互沟通,考虑新的观念、价值观或问题解决的方法。这是一种打破自我防御或促进积极交流的好方法。

程　序

　　1. 给每位学生一张或多张便事贴(粘纸)。

　　2. 让学生在他们的便事贴上写下下列事项中的一项:

　　　　a. 一条他们拥有的价值观

　　　　b. 一项他们有过的经历

　　　　c. 一种创造性观念或问题解决方法

　　　　d. 一个想要问的有关课堂内容的问题

　　　　e. 一个对你选择的主题产生的观念

　　　　f. 一件有关他们自己或上课内容的事实

　　3. 让学生将写好的便事贴粘在衣服上,在班级里绕一圈,相互阅读对方写下的内容。

　　4. 接下来,让学生们再相互走动,协商对便事贴进行交易。这种交易应基于短暂拥有某一价值观、经历、观念、问题或事实的愿望。规定所有的交易都必须是双向的。鼓励学生们尽可能地多交易。

　　5. 让大家各归原位,分享各自都做了什么交易及为什么。(例如,"我与 Saug 交换了便事贴,上面写着他曾到东欧去旅行过。我也想到那儿去旅行,因为我的祖先来自匈牙利和乌克兰。")

活学活用

　　1. 不是交易便事贴,而是让学生组成小团队相互讨论便事贴上的内容。

　　2. 让学生将便事贴粘在班级的公告栏中(或黑板上),并讨论各人所写内容间相同与相异的地方。

2. 谁在教室里

概　述

　　这是一种非常流行的有利于融洽课堂气氛的方式,以寻找课堂同伴而不是某种目标为特征。可以设计出多种寻找的方式,适用于各种规模的班级。这种方式有利于团队建设,在开始上课时便让学生们找到各自合适的位置。

程　序

　　1. 设计 6 到 10 条描述性陈述句,用来进行句子补缺:**寻找……的人**。

包含确定个人信息和/或课堂内容的陈述句,可以使用诸如下面这些。

寻找……的人:

喜欢/爱好＿＿＿＿＿＿＿＿

知道什么是＿＿＿＿＿＿＿＿

认为＿＿＿＿＿＿＿＿＿＿＿

擅长＿＿＿＿＿＿＿＿＿＿＿

准备＿＿＿＿＿＿＿＿＿＿＿

想做＿＿＿＿＿＿＿＿＿＿＿

相信＿＿＿＿＿＿＿＿＿＿＿＿＿

最近读过一本关于＿＿＿＿＿＿＿＿＿的书

曾经＿＿＿＿＿＿＿＿＿＿＿

不喜欢＿＿＿＿＿＿＿＿＿＿

曾学过＿＿＿＿＿＿＿＿＿＿

对＿＿＿＿＿＿＿＿＿有很好的主意

拥有＿＿＿＿＿＿＿＿＿＿＿

想要或不想要＿＿＿＿＿＿＿＿

　　2. 将准备好的不完整陈述句分发给学生,并作如下指导:

这一活动很像狩猎计划,当然这里是找人而不是寻找某样东西。当我说"开始",你们就可以围绕教室寻找与这些陈述匹配的人。如果你找到了一位匹配者,请写下他/她的姓名。

　　3. 如果大多数同学都找到了匹配者,让大家停下来。

　　4. 你也许想为完成得最快的人颁什么奖之类的。更重要的是,对每一种陈述调查班级信息。对于有些可以激发班级兴趣的条目,可以展开讨论。

活学活用

1. 通过允许每个人都有足够的时间来完成寻找过程(尽可能),来避免竞争。
2. 让学生与其他人进行简短的交流,看看每个人能找到多少位匹配者。

3. 团队简历

概　述

简历一般都是用来描述个人成就的。团队简历是帮助学生相互认识,或是为那些成员间早已熟识的团队进行团队建设的一种有趣的方法。如果简历能够与你正在教的学科内容契合,这一活动将特别有效。

程　序

1. 将全班分成若干组,每组 3 至 6 人。

2. 告诉全班:同学们有着令人难以置信的天赋和经历!

3. 提议:确认并显露班级资源的一种方法是完成一份团队简历。(你甚至可以提出某份虚拟的工作或合同,让学生来应聘。)

4. 给学生提供大张白纸或标示器,用以展示他们的简历。该简历应该包含能将团队作为一个整体推销出去的任何信息。可包含如下信息:

教育背景;所上的学校

与课堂内容有关的知识

工作经历

技能

喜好、才能、家庭

成就等

5. 请每个团队提供其简历,并庆祝本团队拥有的整个资源。下面是在一个商业写作班中可能出现的简历:

杰之杰写作团队

(Todd、Pat、Shawna、Edi)

目标

希望能得到创作专业文档和发挥编辑技能的机会

资历

- 8 年工作经历

- 4 年大学教育

- 知道:

主语和动词一致

> 　　　　主动语态和被动语态
> 　　　　分词
> 　　　　逗号用法
> 　　　　大写
> 　　　　容易拼错或误用的单词
> - 拥有 2 台个人计算机
> - 熟悉 Word Perfect 和 Microsoft word 软件
> - 爱好包括烹饪、日光浴、跳舞和购物

活学活用

　　1. 为加速活动的进程，可以给出一份事先准备好的提纲，说明要收集哪些方面的信息。

　　2. 不是让学生完成简历，而是让他们相互面试，面试内容由你提供。

4. 预测

概　述

这是帮助学生们相互了解的一种迷人的方式,这也是留下第一印象的一种有趣的方式。

程　序

1. 将学生分成若干组,每组 3 至 4 人(相互之间相对陌生)。

2. 告诉学生,他们的工作是预测本组中的每个人将如何回答老师准备的某个问题。下面是一些问题样例,可用来达到各种目标:

a. 你喜欢什么样的音乐?

b. 你喜欢什么样的休闲活动?

c. 你每晚大概睡多少小时?

d. 你有多少个兄弟姐妹,你在家排行第几?

e. 你在哪里长大?

f. 你在小的时候喜欢什么?

g. 你的父母是严格的还是宽松的?

h. 你做过什么工作?

注:可根据你的班级的实际情况增减或替换其中的一些问题。

3. 让各小组开始选择某人作为第一个"被试",鼓励小组成员在预测该"被试"时尽可能地准确。告诉他们要大胆去猜。在他们猜测的时候,让被试不要给出任何准确与否的提示。当他们预测完了之后,被试应该说明对每一个问题的答案。

4. 小组成员轮流作被试。

活学活用

1. 创设一些问题,让学生们对彼此的观点与信念(而不仅仅是事实性信息)进行猜测。例如,问:"作为朋友,什么是最重要的品质?"

2. 不采用预测的形式。取而代之的是,邀请学生一个接一个地立即回答问题。之后,让小组成员说明什么信息是最让他们"吃惊"的(基于第一印象)。

5. 电视商务

概　述

　　对成员间已经相互认识的团队来说，这是一种很好的催化剂，它有助于进行快速的团队建设。

程　序

　　1. 将全班分成若干组，每组不超过 6 人。

　　2. 让每组创作一段 30 秒电视商务节目，推销课堂主题——例如，强调该主题对他们或对世界的价值，与之有关的著名人物，等等。

　　3. 该商务活动应该包含某一口号（例如，"化学让生活更美好"）和可视图像（例如，某种有名的化学产品）。

　　4. 说明只需要一般性观念和该商务活动的提要便可。但如果某小组想要将该活动表演出来，那也很好。

　　5. 在各小组开始计划商务活动之前，讨论当今一些有名的商务活动的特点（例如，使用知名人士、幽默、与竞争对手比较、性吸引）以激发创意。

　　6. 让各小组呈现观念。表扬每位学生的创造力。

活学活用

　　1. 让各组创作书面广告而不是电视商务节目。或者，如果可能的话，也可让他们通过录像实际创作一次活动。

　　2. 让各小组推销自己的团队或学校，而不是课堂内容。

6. 我的圈子

概　述

　　这一活动可让学生在一开始就找到合适的位置,能帮助学生们相互认识,该活动需要的时间很短,充满乐趣。

程　序

　　1. 根据你所教班级的特点,列出你认为适合在让学生们相互认识的活动中对他们进行分类(分组)的类别列表。可用于各种目的的分类方法有:
- 出生月份
- 喜欢或不喜欢_____的人(确定某一喜好,例如诗歌、角色扮演、科学或计算机)
- 爱好(确定某一项目,如书、歌曲或快餐)
- 左利手还是右利手
- 你所穿鞋子的颜色
- 同意/不同意某一现行观点(例如,"应该普及健康保险")

你也可以使用与你所教的学科内容直接相关的分类方法,例如:
- 喜欢的作者
- 同意/不同意(确定与你的上课主题相关的某一论点)
- 知道/不知道谁或什么(确定与你的课堂主题相关的某人或某观念)

　　2. 清理地面空间以利学生们自由移动。

　　3. 召集某一类(或某一小组)。指导与某一类别相关的学生尽快地聚到一起。例如,右利手和左利手可分为两个小组,同意某一观点的学生与不同意某一观点的学生相互分开。如果某种分类方法包含两个以上的类别(如出生的月份),让学生与同类的人聚集到一起,从而形成多个小组。

　　4. 在学生们形成了合适的小组后,让他们与"我的圈子"的其他成员相互握手,并可让他们估计不同的组大概有多少人。

　　5. 立即转而去形成下一类别(小组)。在你宣布一个新的类别后让学生们移动。

　　6. 让全班安顿下来。讨论由练习引发的学生间的差异。

活学活用

　　1. 让学生与那些和自身不同的人组成一组,而不是找寻相同的人,例如,你可以让学生找寻与自己出生日期不在同一季度的人。

　　2. 邀请学生建议其他分类方法。

7. 真正地相互认识

概　述

很多相互认识的活动仅限于与其他人聚到一起的机会。一种不错的选择是安排一次深度体验,在其中成对的学生可以真正地相互认识。

程　序

1. 以你喜欢的任意方式将学生成对组合。配对的标准可以是如下这些:

• 两位以前从没有碰到过的学生

• 两位以前没有一起工作过的学生

• 两位来自不同研究领域或背景的学生

• 两位有着不同知识水平或经验水平的学生

2. 让结成对的学生花 30 至 60 分钟时间相互认识。建议他们作一次散步、一起喝一次咖啡,或者,如果合适,还可以相互参观宿舍,甚至到对方家庭拜访。

3. 提供一些问题,学生可用来相互交谈。

4. 当全班都安顿下来后,给各对学生安排一项任务,让他们一起完成,使他们开始学习课堂上的学科内容。(见第一部分"给学习伙伴的 10 种作业"。)

5. 考虑组成长期学习伙伴的合适性。

活学活用

1. 如果可能,将学生分成 3 人一组或 4 人一组。

2. 让学生给全班介绍他们的伙伴。

8. 团队起步

概　述

通常,通过采用长期学习小组的形式,学生们一块儿学习、做项目和参与其他合作性学习活动,可以加强积极学习。如果你计划这样做,那么做一些启动性团队建设活动以保证有一个良好的开始是有用的。有很多团队建设活动,下面是很好的一种。

程　序

1. 给每一个小组提供一叠卡片(最好卡片的大小不一)。

2. 让每个小组仅仅用这些卡片搭建一个"避难所"的三维模型,作为团队,要求他们尽可能高效率。可以折也可以撕这些卡片,但是没有其他材料可用。鼓励各小组在搭建之前作一番计划。给各小组提供记号笔,他们可用来在卡片上作记号,并在他们认为合适的地方加以装饰。

3. 给出至少 15 分钟的搭建时间。不要催促,也不要给各小组施加压力。让每一小组都有成功的经历是很重要的。

4. 所有小组都搭建完成后,邀请全班进行一次"避难所之旅"。参观每一座建筑,让小组成员炫耀他们的成果,解释他们的房子的奥妙。表扬每个小组的成就。

请记住:不要鼓励各小组间的比较性竞争。

活学活用

1. 让各小组搭建纪念碑而不是避难所。鼓励他们将纪念碑建得既坚固、高大,又美观。

2. 召集全班,让他们通过下面的问题思考这次活动:**在一起工作的时候,小组和个人都有哪些有帮助但帮助不大的行为?**

9. 重新联结

概　述

任何一堂课,在经过一段时间后,花几分钟帮助学生重新联结通常都是有帮助的。本活动涉及几种这样做的方法。

程　序

1. 欢迎学生重新回到你的课堂。解释一下,在继续今天的课之前,花几分钟重新联结可能是有价值的。

2. 向学生提出下列问题中的一个或几个:

- 对于我们的上一堂课,你还记得些什么? 你对什么印象最为深刻
- 因为受到我们上一堂课的激发,你读过什么? 想过什么? 做过什么
- 在上一堂课与今天这一堂课期间,你有过什么有趣的经历
- 现在,你脑海里有什么东西(例如,一种担心)可能会干扰你今天全神贯注地听讲
- 今天你感觉如何?(使用比喻可能是有趣的,例如,"我感觉像一个烂香蕉"。)
- (创设你自己的问题。)

3. 使用几种形式中的任意一种获取反应,例如小组或点下一位发言者(见第一部分"10 种保证随时参与的方法")。

4. 继续当前的课堂主题。

活学活用

1. 代之以进行一次对上一堂课的回顾。

2. 提供两个有关上一堂课的问题、概念或信息片断。让学生投票决定对哪一个进行回顾。回顾被选中的问题、概念或信息。

10. *大风吹……*

概　述

　　这是一种快节奏的气氛活跃剂,可以让学生移动、逗笑,是一种好的团队建设方法,能让学生相互认识。

程　序

　　1. 安排一圈椅子。让每位学生都坐到一把椅子。椅子的数量应该与学生的人数正好一样多。

　　2. 告诉学生,如果他们同意你接下来的陈述,就请站起来并走向下一把椅子。

　　3. 站到圈子的中央,说:"我叫＿＿＿＿＿＿,大风吹向＿＿＿＿＿＿的人。"选择一种可能适应于任何学生的句子补缺,例如"喜欢巧克力冰淇淋"。

　　4. 这时,喜欢巧克力冰淇淋的学生都站起来,跑向其他的空椅子。在学生们移动的时候,你也要争取占到一把空椅子。这样,最后会有一位学生没有座位,从而代替你站到圈子中央。(因为一般来讲,会有多人同意你的陈述,从而有多位学生站起来。)

　　5. 让新站到中央的学生完成句子补缺:"我叫＿＿＿＿＿＿,大风吹向＿＿＿＿＿＿的人。"新的句子补缺可以是幽默的,例如,"晚上要开灯睡觉";也可以是严肃的,例如,"担心火灾"。

　　6. 可以在恰当的时候经常玩这一游戏。

活学活用

　　1. 提供一列句子补缺清单。其中的材料可以与上课内容有关(例如,"喜欢苹果电脑系统"),也可以与学生的工作或生活经历有关("发现参加考试很难受")。

　　2. 代之以让成对的学生站到中央。让他们合起来选择合适的句子补缺。

11. 设置基本课堂准则

概　述

这是一种民意测验法，可以让学生自己设置行为准则。如果学生参与团队建设过程，是其中的一分子，他们就更有可能支持所建立的规范。

程　序

1. 抽取少数几位志愿者（相对于班级总人数），作为咨询员。

2. 在 10 至 15 分钟时间内，让咨询员们在全班巡回，尽可能多地与其他同学接触。指导咨询员们向同学问下列问题："在我们班级中，你认为什么行为是有帮助的或是没有帮助的。"（提供一些回答范例以指导反应。）

3. 然后，让咨询员向全班汇报他们的结果。（如果需要，还可以将结果列在幻灯片或是墙板上。）

4. 通常，只需要听取学生的汇报，进而建立起大家所希望的班级基本准则。然而，有时候可能也需要分析结果，找出可能重叠的地方，并加以整理。

活学活用

1. 提供一系列可能的基本准则，让学生从中选出三条。列表统计结果。以下为参考条目：

- 尊重隐私
- 在团队或小组工作中，每个人都要参与
- 注意上课的开始时间
- 知道其他人与自己不一样
- 在别人说完之前，不要轻易打断
- 说自己
- 说话时要简明扼要
- 不使用性别敏感词汇
- 为上课作好准备
- 不要每一堂课都坐在同一个位子上
- 同意反对意见
- 给每个人一个说话的机会
- 在批评之前先弄懂对方的意思

2. 全班作为一个整体，为设置班级行为的基本准则，进行头脑风暴。之后采用一种所谓多重投票的程序来获取最后的准则列表。多重投票是一种减少一半项目的方法,每个人都选出自己想要的全部项目,得票最多的一半项目保留。(这一程序可以重复,每一次压缩一半项目。)

现场评估策略

接下来讲述的这些策略可以用于各种团队建设方面的努力,或者在这些策略之间相互联结。它们有助于你了解你的班级,同时,能让你在一开始就找到合适的教学切入点。有些策略能让你了解学生的某些具体方面的东西,其他策略则是多用途的,可以让你了解班级的全貌。如果你在上课之前没有机会了解班级的特点,那么现场评估策略是特别有用的。它们还可用来进一步证实和检验你在课前收集的信息。

12. 评估搜索

概　述

这是一种有趣的现场评估方法，同时，它能让学生们在一开始就相互了解并合作。

程　序

1. 设计 3 到 4 个问题来了解你的学生。你可以列出类似下面的问题：
- 他们拥有的有关学科内容的知识
- 他们对学科内容的态度
- 他们拥有的与学科内容相关的经验
- 他们以前获得的技能
- 他们的背景
- 他们对本堂课的期望或需要

写出问题以获取具体答案。避免采用开放式问题。例如，可以问"以下这些方面＿＿＿＿＿＿＿＿＿＿＿＿＿＿＿＿＿＿＿，你知道哪些?"不要问"对于＿＿＿＿＿＿＿＿＿＿＿＿＿＿＿＿，你知道些什么。"

2. 将学生分成 3 人一组或 4 人一组（要依你设定的问题的数量而定）。给每位学生一个问题。让他或她来询问本组中的其他同学并获得（记录）对该问题的回答。

3. 将所有分配到同一问题的同学召集起来，组成小组。例如，如果有 18 名学生，分成 3 人一小组，则有 6 个人会分到同一问题。

4. 让上面组成的小组成员汇集数据并加以总结。然后让每个小组向全班汇报他们了解到的内容。

活学活用

1. 邀请学生来设计自己的问题。

2. 使用同一组问题，让学生组对，相互询问。然后在全班抽取一部分人以获得结果。（这一变式适合于班级人数较多时。）

13. 学生们存有的疑问

概　述

这是一种无威胁方式,可以用来了解学生们的需要与期望。它通过写而不是讲的技术来激发学生的参与。

程　序

1. 给每位学生散发一张空白纸。

2. 让每位学生写下他们对课堂内容或当前班级的任何问题(学生们应该匿名写)。例如,一位学生可能会问:"代数 I 与代数 II 有何区别。"或者"本课程会有考试吗?"

3. 学生们写完之后,全班按顺时针方向传阅各自填写的纸。每位学生在接到一张新传递来的纸时,将上面的内容读一遍,如果对上面的问题表示认同(自己也有此一问),就在上面作一个记号,例如画一横或打个勾。

4. 每位学生最后都会收到自己的纸,这表示他已经看过全班所有的问题了。这时,确认得到很多投票(记号)的问题。对这些问题作出反应:(a)立即给出简短的回答;(b)推迟回答,找一个合适的时机;(c)表明本课堂将不会涉及该问题(如果可能,答应私下里给出回答)。

5. 邀请某些同学自愿起来分享他们的问题,即便他们没有收到最多的投票。

6. 收集所有的纸张。这里面会有些你将来上课会涉及的问题。

活学活用

1. 如果班级太大,全班传阅起来很费时间,可以将之分成若干个小组,采用相同的指导。或者简单地将纸张收起来,不传阅,只是抽取其中一部分问题作答。

2. 不用让学生们写问题,而是让他们写下对课堂有何希望或关心的地方,他们希望你讲述的主题等。

14. 即时测评

概　述

这是一种有趣、非威胁性的策略,可以用来了解你的学生。你可以用来测评学生"即时"的背景、经验、态度、期望和关注点。

程　序

1. 给每位学生制作一份"反应卡"。这些卡上可以包含多项选择题、是非题,或者是等级评分题(例如1—5级评分)。(如果课前制作太费时间,也可以让学生自己现场制作。)

2. 创设一组陈述句,学生可以对其中某一陈述作出反应。例如:

- 我来上这堂课是因为……

    a. 这是必要的

    b. 我确定对这一主题感兴趣

    c. 这看上去很容易

- 我关心这堂课对我来讲是不是太难了。

    是　　　　　　　　　否

- 我相信这门课将来对我有用。

    1　　　　　2　　　　　3　　　　　4　　　　　5

    完全不同意　　　　　　　　完全同意

你可以采用类似的方法了解学生的知识、态度和经验。

3. 读出第一句陈述,让学生作出选择。

4. 快速地评价课堂反应。邀请一部分学生起来分享他们作出选择的理由。

5. 继续下一句陈述。

活学活用

1. 不用卡片,而是在念出某一反应项时让同意的学生举手。

2. 采用传统的举手,但如果某位学生强烈同意,可以让他举双手,以此来增加点乐趣。

15. 代表性样本

概　述

有时候会面对一些规模很大、人数很多的班级,难以快速地了解班里学生的情况。这一程序可以让你从全班抽取一个代表性样本,通过公开询问来了解他们。

程　序

1. 解释你想了解班里的每位同学,但该任务会耗费许多时间。

2. 向学生说明,达成目的的一种快速的方法是创生一个小样本,来代表班里同学们的多样性。

3. 指出同学间可能不同的一些方面。征询第一位"班级代表性样本"志愿者成员。在有人举手之后,问他/她一些问题,了解其期望、技能、经验、背景、观念等方面的信息。

4. 听完第一位志愿者的反应之后,征询第二位志愿者,这第二位志愿者应该在某些方面与第一位不同。

5. 继续抽取新的志愿者(你决定取多少名),与前面已经征询过的都有所不同。

活学活用

1. 安排一张桌子和若干椅子以适合小组讨论。邀请样本中的每一位成员,在被询问之后参加小组。小组组建完成之后,作为一个整体问他们在期望、技能、工作经验、背景、观念等方面的信息,还可以邀请观众提问题。

2. 邀请其他同学在课外或课后与你会面,从而相互认识。如果有可能,轮流会面,这样每个人都能见到。

16. *班级关注点*

概　述

学生通常对他们第一次参加的班级或课堂会有些关注点,特别是在积极学习课堂。这一活动允许这些关注点得到公开的表达和讨论,而且是以一种安全的方式。

程　序

1. 向学生解释,他们对本课堂可能有些关注的地方。例如:
- 该任务/工作有多难,要花多少时间
- 如何自在而舒适地参与
- 学生在小的学习团体中如何发挥作用
- 如何与老师接触
- 如何获取阅读材料
- 该课堂的时间安排

2. 将这些方面列在黑板或投影片上。还可以从班级中获得其他方面的信息。

3. 设计某种投票程序,让全班选出 3 至 4 个最关心的问题。

4. 将全班组成 3 至 4 个小组。让每个小组对其中一个关注点进行细化,得出一个具体的方面。

5. 让每个小组为全班总结其讨论,获得反应。

活学活用

1. 让每个小组都想出一些解决方法,这样教师在回答时能更有针对性,也要轻松。

2. 不采用团队报告的形式,而是创设一个小组或进行玻璃鱼缸式讨论(见第一部分"10 种保证随时参与的方法")。

迅速投入学习的策略

另一种让学生在一开始就积极、活跃的方法是使用以下策略。这些策略是设计来推动学生快速投入学科学习中的,目的是建立学生的兴趣,唤起学生的好奇心,激发他们思考。如果学生的大脑——或者,你喜欢称之为"电脑"——没有开动,他们就什么也做不成。很多教师会犯下教得太早的错误——学生心理上还没有准备好呢! 使用以下策略能够校正这一趋势。

17. 积极的知识分享

概　述

　　这是让学生快速投入到你所教学科的学习之中的一种很好的方法。你也可以用来评估学生的知识水平并同时进行团队建设工作。这种方法对任何课堂、任何学科都适应。

程　序

　　1. 提供一系列有关你正要教的学科知识的问题,可以包含以下一些或全部问题类别:

　　• 定义词(例如,"双重标准是什么意思?")

　　• 有关事实或概念的多重选择问题(例如,"一份心理测验是有效的,如果它(a) 能跨时间、一致地测量到某种属性,(b) 能测量到所要测量的东西。")

　　• 要认识的某个人(例如,"谁是乔治·华盛顿?")

　　• 关于某人在某一情景中能采取的行动的问题(例如,"如果想要投票,该如何注册?")

　　• 句子补缺(例如,"_____决定了你用计算机程序能够操作的基本任务类别。")

　　例如,一位历史老师在开始其关于 20 世纪的讲课时,可能会首先散发以下小测验:

　　a. 在下列年份发生过什么事:1918、1929、1945、1963、1984?

　　b. 认识以下人物吗?

　　　　墨索里尼

　　　　约瑟夫·麦卡锡

　　　　毛泽东

　　　　斯大林

　　　　里根

　　c. 你认为 20 世纪最重要的事件是什么?

　　2. 让学生们尽可能地回答这些问题。

　　3. 让学生在班级里走动,找到能回答自己不知道如何回答的问题的人,鼓励学生们相互帮助。

　　4. 让全班安顿下来,评述这些问题。对于没人知道答案的问题,给出答案。用这些信息引入本堂课的重要主题。

活学活用

　　1. 给每位学生一份答题卡。让他们写下一条有关你的课堂内容、自己确信准确的信息。之后让学生在班级中走动，与其他人分享各自的答题卡。鼓励他们写下从其他人那里获得的新信息。之后再全班一起评述所收集的信息。

　　2. 使用观念性问题而不是事实性问题，或者两种问题混在一起使用。

18. 轮转三人组

概 述

这是一种学生与部分同学进行深入讨论的方法。这种讨论（交流）方法可轻易地移置到任何学科内容的教学中。

程 序

1. 创设各种问题以帮助学生开始讨论课堂内容。使用无对错回答的问题。

例如，一位英国语言文学教师可能会问：

- 对于莎士比亚戏剧，你喜欢什么，不喜欢什么
- 为什么莎士比亚会被称为有史以来最伟大的剧作家
- 选取任意一位19世纪的剧作家或编剧。你将如何将之与莎士比亚作比较

2. 将学生分成若干个三人小组。作适当的位置调整，使每个小组都能清楚地看见左边或右边的小组，全部小组成环形或方形分布。

3. 给每个小组一道开放性讨论题（各组得到的题目是一样的）。选择挑战性最小的题目来开启三人小组讨论。建议三人小组中的成员轮流回答问题。

4. 一段讨论时间之后，让每个三人小组给其成员分配0、1、2这三个数字。指导所有分配到数字1的学生顺时针轮转到下一个三人小组，而分配到数字2的学生顺时针轮转到再下一个小组。分配到数字0的学生则不动，让他们举起手来，这样那些轮转的学生看得见。结果将会产生新的三人小组。

5. 用一个新问题，开始新一轮讨论。随着进程的发展，增加讨论的难度或"威胁水平"。

6. 根据你所拥有的问题的数量和时间充足程度，决定轮转三人小组的次数。每一次都使用相同的轮转程序。例如，第三次轮转之后，每位学生都会碰到六位其他学生，进行深度会谈。

活学活用

1. 在每一次讨论之后，先在全班抽取部分学生对问题作代表回答，然后轮转。
2. 采用配对或四人小组的形式代替三人小组。

19. 找到你的标签

概 述

这是在上课的开始阶段产生空间位置移动的一种比较有名的方法。这一策略是很灵活的,可用于各种活动,以激发学生对你所教学科内容的初始兴趣。

程 序

1. 在教室四周贴上标签。你可以使用两种标签来创设一种二元选择,或用多种标签来提供多种选择。

2. 这些标签标示出各种偏好:

- 学生感兴趣的主题或技能(例如,文字处理、数据库技术)
- 与上课内容有关的问题(例如,"图灵机是如何工作的?")
- 对同一问题的不同解决方案(例如,罚款与坐牢)
- 不同的价值(例如,金钱、名誉、家庭)
- 不同的个人特征或类型(例如,听觉型、视觉型、运动型)
- 不同的作家或某一领域的知名人物(例如,托马森·杰弗逊、富兰克林·罗斯福、约翰·肯尼迪)
- 某篇文章中不同的引语、谚语或韵文(例如,"光宗耀祖"与"质疑权威")

3. 让学生们看一下标签并作出选择。例如,有些学生可能对文字处理而不是数据库技术更感兴趣。让他们移动到他们选择的标签位置,以"标示"他们的偏好。

4. 让由此创立的小组讨论为什么他们会选择某一标签。每一小组派出一代表总结他们的理由。

活学活用

1. 让不同偏好的学生配对,并相互比较观点。或者由各偏好小组的代表组成一个讨论小组。

2. 让每个偏好小组制作一份海报或是广告,甚至是小品剧来鼓吹各自的偏好。

20. 让学习氛围更轻松

概　述

通过邀请学生对手头的学科内容进行幽默性使用,可以很快地在班级中获得一种非正式的、无威胁性的学习氛围。这里讲的策略除此功能外,还可激发学生思考。

程　序

1. 向学生说明:在开始严肃的学科内容之前,你要做一次有趣的开场活动。

2. 将学生分成若干个小组。给他们布置一道作业,请他们就你正在教的某一重要的主题、概念或问题搞出点有趣的东西来。

3. 例如:

- 政府:让学生勾画出他们能想象到的最压迫人或最无能的政府
- 数学:让他们列出做数学计算时最无效的方法
- 健康:创设一份完全没有营养的菜单
- 语法:写一个句子,其中包含尽可能多的语法错误
- 工程:设计一座很可能塌陷的桥

4. 让各小组亮出各自的"作品",掌声鼓励。

5. 问:"从这一活动中,你对我们的学科内容了解到了哪些?"

活学活用

1. 教师可以自己创设作品来嘲弄学科内容。

2. 创设一份针对你所教学科内容的多重选择预测验。在每一题的选项中增加幽默。对每个问题,让学生选择他们认为不可能正确的答案。

21. 交换观点

概　述

这一活动可以用来激发学生迅速参与到课堂中。它还能让学生警醒,成为细心的倾听者,并包容不同的观点。

程　序

1. 给每位学生一张签名便条。指导学生在便条上签上姓名,并随身带着。

2. 让学生随机配对,并向对方介绍自己。之后相互交换对某一问题或陈述的看法。这一问题或陈述会引发学生对你正在教的学科内容的看法。

- 问题举例:对外来移民应当有怎样的限制

- 陈述举例:《圣经》是一本非凡的书

3. 叫"交换时间到",之后指导学生交换签名便条,并去与下一位同学碰面。让学生与新伙伴分享得自前一位伙伴(手里还捏着他的签名条呢)的观点,而不是自己的观点。

4. 然后,再让学生交换签名条,找下一位同学交谈,只是分享手中签名条上的那位同学的观点。

5. 继续这一程序,直到差不多所有人都碰到过。这时让每位学生拿到自己的签名条。

活学活用

1. 通过指导学生分享自己的背景信息而不是对某问题或陈述的看法,将签名条交换程序当作社交启动者。

2. 不用交换签名条。而是让学生继续会见新的同学,每一次都听取他们对某一问题或陈述的看法。

22. 对不对

概　述

　　这一合作性活动也能激发学生快速参与到课堂学习中来。它能够促进团队建设、知识分享和即时学习。

程　序

　　1. 根据你的上课内容,编制一系列陈述句,其中一半是对的,而另一半则是不对的。例如,"大麻易使人上瘾"是对的,而"酒精是一种兴奋剂"则是不对的。将每一陈述都写在一张独立的卡片上。确保卡片与学生人数一样多。(如果学生人数为奇数,则为你自己制作一张卡片。)

　　2. 给每位学生发一张卡片。告诉全班同学,他们的使命是决定哪一张卡片是对的,哪一张是错误的。说明他们可以使用任何方法来完成任务。

　　3. 当全班完成之后,读出每一张卡片,并获得全班同学对该陈述对不对的判断。考虑少数人的不同意见!

　　4. 给出每一张卡片的反馈,并说明全班一起工作以完成作业的方法。

　　5. 说明在班级中积极的团队技术是非常必要的,因其中有着积极学习的特征。

活学活用

　　1. 在活动开始之前,招募一些学生作为观察员。让他们对所看到的团队工作质量给出反馈。

　　2. 不用事实性陈述,而是创设一系列观念并写于卡片上。分发卡片,让学生们试着对某一观念达成某种共识。让他们尊重少数派观点。

23. 课堂契约

概　述

这一设计提供了一种方法,可以让学生们思考并承认他们在本次课堂的学习活动中应承担的个体责任。

程　序

1. 创设以下合约,并复制好若干份:

我明白在这一课堂中我将要学习_____(填入学科内容)。这一课的目标是:_____(填入你的目标)。

我赞同这目标,愿意努力做到以下几点:

- 通过积极参与活动、充分利用我的时间以支持这些目标
- 为自己的学习负责,不等待任何人来督促自己
- 在帮助其他人学习时,认真听取他们所说的话,并提供建设性的反应
- 在课外思考、回顾和应用学习到的东西

签名_____ 日期_____。

2. 与学生分享你尽力使本次课堂成为一种有效的学习经历的热情。给他们提供你意欲帮他们达到的目标。

3. 分发合约书,让他们阅读。说明如果没有他们的努力与学习热情,你不能保证达成这些课程目标。让他们认真考虑与你的合作,自问是否愿意签署这样一份合约。

4. 提供讨论和思考的时间。说明学生们将自己保存合约。让他们自己决定签还是不签。

活学活用

1. 提供一份书面声明,阐明你在本课堂中的责任。考虑如下几点:

- 积极听取学生所说
- 对学生承担学习风险的意图给予支持
- 变换你的学习方法
- 上下课准时
- 提供易读的讲义材料或其他教学材料
- 对学生的建议采取开放态度
- 提供视觉支持

2. 让学生们陈述对你作为一名教师的期望。

第三部分 如何帮助学生积极地获得知识、技能和态度

如果说前面的章节中给出的策略是积极学习的"开胃菜"的话,那么接下来的可就是"主菜"了。任何水平的教育都关乎获得知识、技能和态度。认知学习(知识)包括获得信息与观念,涉及的不仅是理解学科内容,而且包括分析并在新的情境中使用之。行为学习(技能)包括学生操作任务、解决问题和表达自我的能力的培养。情感学习(态度)包括对感受和偏好的检视与澄清,在这一过程中,学生要评价自身和自身与学科内容的关系。人们获取知识、技能和态度的方式各不相同,差异甚大。消极的方式如何,积极的方式又如何呢?

信息、技能和态度的积极学习是一种探究的过程。在此过程中,学生处于一种探索而非反应的模式,也就是说,他们在寻找问题的答案,这些问题可能是别人提出来的,也可能是自己提出来的,他们寻找教师提出来的挑战性问题的解答方案。他们有兴趣去获取信息或技能以完成布置给他们的任务。他们会面临一些问题,并因此而不得不检视自身的信念与价值观。如果学生们卷入的任务或活动能够轻柔地推动他们去思考、去做和去感受,就会发生上述过程,使用在这一章提供的许多策略,你就能够创设这类任务或活动。

这一部分包括如下几个板块:

全班学习

这一部分提供几种使教师主导的教学更具互动性的方法。你将能找到很多呈现信息与观念的方法,激发学生真心的参与。

激发讨论

这一部分探索几种可用来加强对学科内容中的重要问题进行讨论和对话的方法。你能找到可鼓励学生积极而广泛参与的策略。

促进提问

这一部分检视几种可用来帮助学生更愿意提问的方法。你能找到几种有利于

学生用提问的方法来澄清你所教内容的策略。

合作学习

这一部分提供几种为小组学习设计任务的方法。你能找到一些有利于培养学生的合作与互助能力的策略。

同伴教学

这一部分讨论有利于学生间互教的方法。你能找到一些能够使学生在教与学的过程中成为好的合作者的策略。

独立学习

这一部分与学生的独立学习活动有关。你能找到一些有利于提高学生的自学能力与责任感的策略。

情感学习

这一部分涉及学生检视自身的感受、价值观和态度。你能找到一些有利于学生自我理解和澄清价值观的策略。

技能发展

这一部分涉及学习和实践技能——技术的和非技术的。你能找到一些可促进学生的初始技能发展和进一步实践的策略。

全 班 学 习

本节中提供的策略意在加强对全班的教学。正如你将会发现的,即使是以讲授为主的课堂也能通过一系列技术而变得积极、活跃。最后,你能发现一些新奇的方法,可用来教困难的概念与观念,使学生的理解最大化。

24. 引发求知心

概　述

通过鼓励学生对某一主题或问题进行推测,这一简单技术可以激发学生的好奇心。如果学生一开始就卷入某种全班学习经历,那么他就更可能获取以前没有接触过的知识。

程　序

1. 向班级提一个启动性问题,以激发他们对你要讨论的内容的好奇心。**所提问题应该很少有人知道答案。**

以下是此类问题的例子:

- 日常知识("为什么要交纳个人所得税?")
- 如何("根据专家的观点,最好应该如何保存木乃伊?")
- 定义("什么是黑洞?")
- 事物运转方式("是什么使汽车跑起来?")
- 主题("你认为《七个小矮人》讲的是什么呢?")
- 结果("你认为这一事件将如何结束?")

2. 鼓励学生们进行推测和猜想。可以使用诸如"猜一猜"或者"试一试"之类的语句。

3. 不要立即给出反馈。接受所有的推测与猜想。建立有关"真正的"答案的好奇心。

4. 将问题作为你要教的内容的引子。将答案融入你的课堂讲述或演示中。你会发现学生比以往更为集中注意力。

活学活用

1. 将学生配对组合,让他们拼出一个推测或猜想来。

2. 不用提问,而是告诉学生你要教什么内容,为什么他们会发现它很有趣。可以采用类似电视中常用的"接下来更精彩"的手法来为你的介绍增添趣味。

25. 倾听小组

概　述

　　本活动是帮助学生在老师讲课过程中保持专注的一种方法。倾听小组创设了理清课堂内容的小团队。

程　序

　　1. 将学生分成四个小组,并分别布置下述作业:

小组	角色	任务
①	提问者	在听完老师的讲授后,至少问两个与所讲内容有关的问题。
②	支持者	在听完老师的讲授后,至少提出同意(或觉得有帮助)的两点,并解释为什么。
③	反对者	在听完老师的讲授后,至少提出不同意(或觉得无帮助)的两点,并解释为什么。
④	举例者	在听完老师的讲授后,针对讲课内容给出具体的例子或应用。

　　2. 开始讲课。讲完之后,给各小组一点时间来完成你的作业。

　　3. 让各小组开始提问、支持、反对和举例。通过这种方法,你将能得到更多的学生参与。

活学活用

　　1. 创设其他的角色。例如,让一个小组总结你的讲课内容,或者让他们提出能测试学生对材料的理解程度的问题。

　　2. 提前给出将要在课堂上回答的问题。给学生一些挑战,让他们认真听讲以便回答问题。能够回答出最多问题的小组获胜。

26. 指导学生作笔记

概　述

在使用这一比较流行的技术时,你给学生提供一份准备好的表格,用来推动学生在你教学时作笔记。如果提供准备好的教学材料,那么即便是一个小的手势都会让学生更为专注。有很多种指导学生作笔记的方法,最简单的便是填空。

程　序

1. 为每位学生准备一张纸,上面总结有你将要讲授的内容要点。

2. 每一句留出部分内容空缺。

3. 留空的方法可以有如下几种:

- 提供一系列术语及其定义,让术语或定义空白。

_____ :两条边相等的三角形

等腰三角形:_____

- 在一系列要点中留下一条或多条空缺。

古罗马元老院的作用有:

执行执政官发布的法律或政令

_____

接受外国使节

_____

- 在一段短文中将关键字留空。

今天,经营者经常面临的问题有低_____,高_____,以及服务质量_____。传统的管理方式,如_____、_____,有可能在解决一个旧问题时产生_____新问题。

4. 将这些准备好的纸张散发给每位学生。说明你为了帮助他们积极地学习你的讲课内容,你创设了一些空白处,等着他们来填。

活学活用

1. 为每位学生准备一张记录纸,上面写有你的讲课内容的各个要点。留出足够的空以供学生作笔记。结果看起来如下:

根据苏格拉底的观点,有如下四种不公正的社会:

金钱政治

寡头政治

民主政治

暴虐政治

　　或者,你可以:在呈现之后,给每位学生提供另一份留有空白的记录纸。挑战他们,在不看笔记的情况下,试着填空。

　　2. 将一堂讲授课分成几个部分。让学生们在你讲的时候认真地听,但不作笔记,而是在几个部分的间隙期让他们作笔记。

27. *宾果* *课堂*

概　述

如果你将这种游戏融入你的课堂，那么对学生而言，课堂就不再会那么枯燥，上课时他们会更专注。在这种游戏中，学生们一边玩宾果，一边关注上课要点。

程　序

1. 创设多达 9 个上课要点。

2. 创作一张宾果游戏卡，卡上有 3×3 共 9 个方格。在每个方格中填上一个上课要点。如果上课要点少于 9 个，可以让某些方格空出来。

3. 再用同样的这些上课要点制作另外一些宾果卡，但将这些要点安放在不同的方格中。这样就制作出了一系列不同的宾果卡。

4. 将这些宾果卡发给学生。让学生准备好笔，告诉学生，你讲到一个上课要点，他们就在该要点所在方格中央画一个小圆圈。（注意，空的方格中不能画。）

5. 当所画的圆圈成一横排、一竖排或成一斜线时，他们就喊"宾果!"（Bingo!）

6. 讲完整堂课。每个学生可以喊上 8 次"宾果!"。

活学活用

1. 用你讲课中提到的关键词或人名而不是上课要点制作宾果卡。第一次提到某个关键词或人名时，学生就可以在相应的方格中画个圆圈。

2. 制作 2×2 格的宾果卡。还是使用讲课中会讨论到的上课要点、关键词或人名。每一张卡上只用到 4 个要点、关键词或人名。而且，尽量使各张卡都不同。

---

* 译者注：宾果（Bingo），一种比赛游戏，例如谁先排成 5 点谁获胜；还用来表达出乎意料的或期待中的达到目的，类似于中文中的"瞧!""啊!""噢!"等欢呼语。

28. 互补教学

概　述

这种方法是对教学步调的真正改变。它能让在学习同一材料时有过不同经历的学生相互比较笔记。

程　序

1. 将全班分成两半。

2. 让其中一半到另一间教室去阅读有关你要教的主题材料。要确保材料是易读、易懂的。

3. 与此同时，口头向另外一半学生讲授同一材料。

4. 接下来，反转学习经历。给那些听过讲课的学生提供阅读材料，而给阅读过材料的学生讲课。

5. 两组学生相互配对，相互重述所学的内容。

活学活用

1. 在讲课时，让一半学生蒙住眼睛只听不看，而让另一半学生塞住耳朵只看不听。讲完之后，让两组学生配对，相互讲述刚才所学内容。

2. 给一半学生提供你所要教的概念或理论的具体例子，但不告诉他们这一概念或理论。给另外一半学生只讲授概念或理论，但不给出具体的例子。将两组学生配对，让他们相互学习。

29. 导引式教学

概　述

在使用这一技术时,教师提出一个或多个问题,以引导出学生们已有的知识,或是得到学生们的假设或结论,然后对这些知识、假设或结论进行分类。导引式教学相对传统的直接讲课是一个不错的突破,使你能够在计划教学要点之前了解学生的已有知识和理解程度。在教授抽象概念时,这一方法特别有用。

程　序

1. 提出一个或一系列问题以激发学生思考,引导出学生的现有知识。可以利用有多种可能答案的问题,例如:"你何以知道别人有多聪明?"

2. 给学生一些时间配对或分小组考虑他们该作出怎样的反应。

3. 重新召集全班,记录他们的观念(反应)。如果可能,将他们的反应分成独立的几列,与你要教的知识或概念类别相对应。在上面举例的问题中,你可以将"重新拼起一台机器的能力"列入身体运动能力之中。

4. 呈现你所要教的主要知识点。让学生理解他们的反应在多大程度上与这些知识点相吻合。记下超出你呈现的知识点的观念(反应)。

活学活用

1. 不要将学生的反应分成独立的几列。而是,创设一个连续的列,让学生先将自己的观念分类,之后再将之与你心中的概念进行对比。

2. 在开始讲课时不预先在你心目中设置几类。而是教完之后看学生们和你一道如何将各种观念分成有用的几类。

30. 记者见面会

概 述

在请来的客座讲课者没有时间或不特别为课堂会面作专门准备时,开展这一活动的效果是非常好的。同时,这一活动能给学生提供一种以独特的方式与相关学科专家进行互动的机会,或是让学生在准备见面会时采取一种积极的角色。

程 序

1. 邀请一位客座讲课者来到你的课堂,作为你正在讨论的主题的专家。（例如,邀请一位政府官员来到有关政务或政府的课堂。）

2. 告诉客座讲课者,见面会将类似于记者见面会。与此相适应,客座讲课者得准备一份简短的评述或陈述作为开场白,然后再准备回答来自"记者"们的提问。

3. 在客座讲课者出现之前,通过讨论记者见面会是如何举行的来让学生作好准备,然后再给他们形成问题的机会。

活学活用

1. 你可以选择一下子邀请多位客座讲课者,进行圆桌讨论。让每位来客坐在一张台子旁或是一圈椅子中间,与一小组学生分享信息与经验。小组成员有机会通过在一种更为个人化的环境中提问题而与来客互动。将班级见面会分成几个回合。依课堂时间和来客数量决定每个回合的长度。一般来讲,10—15分钟比较合适。

2. 邀请你以前教过的学生作为客座讲课者。

31. *演出*

概　述

有时候,不管你如何费尽口舌、辅以视觉手段,有些概念或程序就是会让学生觉得似是而非、似懂非懂。一种帮助学生生成对相关材料的清晰图景的方法是,让某些学生演出某些概念,或是将你试图解释的程序走一遍。

程　序

1. 选择某一概念(或一组相关概念)或某一程序,用作通过演出解释的对象。例如:

- 句子结构
- 找出一个共同要素
- 循环系统
- 哥特式建筑

2. 使用下述方式:

- 让某些学生到教室的前面,让他们以一种可见的方式模拟概念或程序的某些方面
- 创设一些大卡片,在上面写上概念或程序的各部分的名称。将卡片分给某些学生。将持卡片的学生以一种正确的顺序排列
- 创设一种角色扮演,使你正在教的材料戏剧化
- 利用学生志愿者,将你的程序一步一步走一遍

3. 讨论你所创设的课堂剧。指出你的教学要点。

活学活用

1. 将一组学生的演出录像,播放给班级看。
2. 你不作指导,让学生自行创设一种演出办法。

32. *我是谁*

概　述

本活动提供了一种新鲜的方法，可以帮助学生学习认识性材料。通过采用一种电视游戏节目的方式，学生们有机会回顾刚刚学过的东西，并相互测试以巩固你教过的内容。

程　序

1. 将全班分成两个或多个小组。

2. 将诸如下列的内容写在卡片上：

- 我是：（某人）例如，我是卡尔·马克思
- 我是：（某事）例如，我是"日食"
- 我是：（某理论）例如，我是"进化论"
- 我是：（某概念）例如，我是"通货膨胀"
- 我是：（某技能）例如，我是"复制电子文档"
- 我是：（某名言）例如，我是"学而时习之，不亦乐乎"
- 我是：（某公式）例如，我是"$e = mc^2$"

3. 将这些卡片放在一个箱子里，让每个小组抽取其中一张卡片。各小组抽到的卡片上标示的就是他们的"神秘客"身份。

4. 给各小组5分钟时间做下列任务：

- 选取小组中的一人作为"神秘客"
- 预期可能会被问到的问题，并思考该如何作答

5. 选取某个小组代表为第一位"神秘客"。

6. 从其他小组中抽取学生组成一个专门小组（你可以采取任意方式）。

7. 游戏开始。让神秘客说出他或她所代表的种类（人、事等等）。专门小组轮流对神秘客问一些是—否型问题，直到专门小组能确认出该神秘客的身份。

8. 邀请其余小组代表出来作神秘客，并另行创立专门小组。

活学活用

1. 如果神秘客不能确定该如何回答专门小组提出来的问题，可以与所在小组其他成员进行商议。

2. 教师可以具体指导神秘客该如何做。例如，神秘客可以模仿他所代表的名人。

33. *录像评论*

概　述

通常,观看教育类录像节目是一桩消极的事情。学生们坐在座位上,等着观看好玩的内容。这里是一种积极的方式,可以改变学生观看节目的方式。

程　序

1. 选择一段要放给学生们观看的录像。

2. 在观看录像之前,告诉学生,你要他们对录像进行评论。可以让他们关注以下几个方面:

- 现实性
- 切题的程度
- 难忘的时刻
- 内容的组织
- 对学生们现实生活的应用价值

3. 播放录像。

4. 组织"评论角"进行讨论。

5. (可选)班级民意测验,可使用某种评分系统,例如:

- 一至五颗星
- 拇指朝上与拇指朝下

活学活用

1. 创立一个录像评论小组。

2. 重播录像。有时候评论会改变人们在再次观看时的想法。

激 发 讨 论

很多时候,教师试图让全班进行讨论,但会碰到令人尴尬的沉默,似乎没有哪位学生胆敢起来第一个说话。开启一场讨论与开启一堂课本质上没有区别,我们首先都得建立兴趣! 下面要讨论的策略都是激发讨论的好方法。其中有一些能够在学生间创立热烈而有序的交流。每一种策略都经过精心设计,意在让每位学生都参与。

34. 积极讨论

概　述

讨论是提升思考的重要方法,特别是如果期望学生们采取一种与自己已有立场相反的立场时。这是一种让每位学生都积极参与讨论的策略。

程　序

1. 创设一个与学科内容中已有观念相对立的观念(例如,"媒体创造新闻而不是报道新闻")。

2. 将全班分为两个辩论队,一个为正方,另一个为反方。

3. 然后,在每一个辩论队内设置两至四个小组。例如,假设一个班级有 24 人,你可以分成三个正方小组和三个反方小组,每个小组 4 人。让各个小组先行讨论,寻找支持己方立场的论据,或是搜集各种可能用到的论据。各小组讨论完成之后,让每个小组选出一位发言人。

4. 为每位小组发言人准备一把椅子,正方和反方阵营针锋相对。其他学生坐在各自阵营的后面。对于上面提到的 24 人班级,两个阵营看起如下:

```
×              ×
×              ×
×    正方   反方   ×
×    正方   反方   ×
×    正方   反方   ×
×              ×
×              ×
×              ×
```

老师说"开始",让各位发言人开始轮流陈述各自观点。可将这一程序当作"开场陈述"。

5. 在大家听完"开场陈述"之后,暂停辩论,各小组成员重新碰头。让各小组策划如何反击对手的"开场陈述"。之后,再让各小组都选出一位发言人,最好是新选出一位。

6. 重新开始辩论。让各发言人轮流给出"反对陈述"。在辩论过程中(保证正反两方轮流发言),鼓励其他小组成员给各自发言人递纸条,提供论据或反证。同时,鼓励他们为自己的发言人喝彩或鼓掌。

7. 在合适的时候,中止辩论。不用宣布获胜者,让全班重新坐成一个圆,并且正方与反方学生间隔着坐下来。进行一次全班讨论,讨论大家从这次辩论经历中学到了什么。另外,让学生写下在辩论中正反两方提出的、他们认为最好的论点。

活学活用

1. 在每个辩论队中增加一至两把空椅子。允许要参加辩论的学生坐到空椅子上。

2. 在"开场陈述"之后立即开始辩论。程序上是一种传统的辩论,但频繁更换辩手。

35. 议会式讨论

概　述

这种讨论形式特别适合于班级规模较大的情况。通过创设一种类似于议会式讨论的氛围,整个班级都可以参与到讨论中来。

程　序

1. 选取与学科内容有关的某个有趣的话题或具体问题。尽可能客观而简短地呈现话题或问题,提供背景信息,概述各家不同观点。如果你愿意,还可以提供相关的文档或图片。

2. 指出你希望得到同学们对此问题的看法。这次不再完全由老师点名回答,而是说明你将采取一种叫做"指派下一位发言人"的程序。也就是说,某位学生讲完后,由他环视全班并指派某位愿意发言者起来发言(例如,从举手的同学中选出一位)。

3. 告诫学生发言要简洁,这样大家都有发言的机会。如果你乐意,还可以为每位发言者设置一个时间限制。可以指导学生尽可能从没有发过言的同学中指派下一位。

4. 只要看上去还有价值,就让讨论继续。

活学活用

1. 将这一讨论组织成一次辩论。让学生坐在教室的不同位置,对不同观点进行反驳。遵从上述"指派下一位发言人"的程序,说明下一位发言者必须指出相反观点,鼓励学生们在辩论中更换发言立场。

2. 以专家小组讨论的形式开始上述议会式讨论。让小组中的专家指出自己的观点并从观众中指派下一位发言者。

36. 三阶段玻璃鱼缸决策

概　述

　　玻璃鱼缸式的讨论指的是班级中的部分同学组成讨论圈,其余同学则在讨论小组的周围形成听众圈(参见第一部分"10 种保证随时参与的方法")。下面是一种组织玻璃鱼缸讨论的更有趣的办法。

程　序

　　1. 设计三个与你的学科有关的问题来进行讨论。例如,在一堂生物课中,可以列出如下三个问题:

- 环境正在受到怎样的危害
- 政府和民间团体、企事业单位该采取何种应对措施
- 我们个人可以做些什么

理想的情况是三个问题相互关联,当然不必非得如此。决定讨论问题的顺序。

　　2. 为玻璃鱼缸讨论摆设好椅子(两个同心圆)。让学生进行 1、2、3 报数,让报到 1 的学生进入中心圈坐下,而报到 2 和 3 的学生坐到外圈。提出第一个讨论问题,允许进行 10 分钟的讨论。邀请一位学生主持讨论,或者你自己主持。

　　3. 接下来,邀请报到 2 的学生进入中心圈,报到 1 的学生则换到听众席。告诉报到 2 的学生,如果愿意,可以对刚才的讨论进行简短的评论,之后再进入对第二个问题的讨论。

　　4. 报到 3 的学生再换入中心圈讨论。

　　5. 在讨论完所有三个问题之后,全班重归一个讨论组。让他们对整个讨论进行反思。

活学活用

　　1. 如果搬动桌椅不方便,可以组织起循环的小组讨论。三分之一的学生针对每个问题进行小组讨论。这三分之一的学生可以坐到教室的前面,面对其余同学。如果你使用的是 U 形教室安排或是会议桌形式(见第一部分"10 种课堂布局"),可以设计成桌子的一边是讨论小组的形式。

　　2. 只讨论一个问题,而不是三个。让每一个接下来的小组都对前面小组的讨论内容作出反应。

37. 扩展专门小组

概 述

本活动是激发学生讨论的一种极好的方法,可以让学生有机会确立、表达和澄清观点,同时保证每位学生的积极参与。

程 序

1. 选取一个能引发学生兴趣的话题。给学生呈现该话题,激发学生的观点。确定 5 个要讨论的问题。

2. 选取 4—6 位学生组成专门的讨论小组。让他们在教室前面半圆形坐开。

3. 其他学生则面对专门小组成 U 形坐开。

4. 开始第一个争论性问题。核心的专门小组讨论的同时,作为观众的其他学生为自己的讨论作笔记。例如,对于"为何要支持或反对基因工程"这样一个问题,讨论时可能的观点有:

支持

生物科学已经使之成为可能,为何要抵制呢?

科学家将因此而消除一些疾病和痛苦。

父母能够因此而避免小孩带有先天性缺陷。

反对

人类不应该干扰上帝的计划。

可能会导致人类的基因变种或畸形。

父母不应该随意决定孩子的类型。

5. 在上述指派性讨论结束之后,将全班分成若干个小组,继续讨论其余的问题。

活学活用

1. 改变讨论的顺序:先进行小组讨论,之后才是专门小组讨论。

2. 邀请学生产生讨论的问题。

38. 小组论战

概 述

本活动采用一种非常优秀的技术,可以激发学生讨论,帮助学生获得对复杂问题的较为深入的理解。在形式上类似于辩论,但相对来讲又不是很正式,进行起来也比较快。

程 序

1. 选择一个有着正反两方面甚至更多方面看法的话题。

2. 根据你所呈现的话题的立场或观点的数量,将全班分成几个小组,让每个小组提出支持各自立场的论据。鼓励学生与同桌或小组成员合作。

3. 让全班重新安顿下来,并让各小组分开坐,小组间有一定的界线。

4. 说明任何人都可以启动辩论。在第一位学生陈述完一条支持其观点的论据之后,让另一小组的成员提出不同或相反的论据。继续各小组成员间的论战。

5. 可以提出你的观点来作为总结,当然也可允许后续的反应和讨论。

活学活用

1. 不进行组间论战,而是将不同组的学生进行配对,让学生进行两两辩论。这些辩论同时进行,这样每一位学生都同时参与到辩论中。

2. 让不同观点的两个小组成员面对面站成两排。一位学生陈述完其论据之后,将"球"抛向对面一排中的某位学生,接到"球"的同学得反驳前面那位同学的观点。

39. *大声朗读*

概　述

真是令人惊奇,大声朗读课文能让学生集中注意力,提出问题,还能激发他们讨论。这种策略能够唤起学生的心理指向,并创造出有凝聚力的小组。

程　序

1. 选择一段学生会有兴趣大声朗读的课文,最好不要超过 500 字。

2. 向学生介绍课文,指出其中的重点或要点。

3. 将课文按段落或其他方法分给学生,邀请志愿者大声朗读各个段落。

4. 在朗读的过程中,作出几次适当的停顿以强调某些知识点,提出问题或是给出例子。如果学生显示出了对某一部分的兴趣,还可以进行简短的讨论。接下来再对课文进行审视。

活学活用

1. 如果你认为有利于课文的呈现或是考虑到学生们的阅读技能,你可以亲自朗读。

2. 让学生配对相互朗读,在适当的时候停下来澄清或是讨论。

40. *模拟法庭*

概 述

众所周知,在法庭上一般有证人、原告、被告、法官,以及亲友团等,这里要讲述的技术便意在模拟法庭。这是一种很好的技术,可以激发学生进行"辩驳性学习",即通过有效地提出一种观点并挑战相反的观点来学习。

程 序

1. 创设一份有助于学生看到事物的不同方面的"起诉书"。可以"起诉"的人或事物的例子有:某个有着道德缺陷的文学形象或真实人物;一本有争议的书;某个没有被证明的理论;某个不完善的程序、法律或机构等。

2. 为学生分配角色。根据学生的人数,你可以分配下列角色中的全部或一些:被告、被告辩护律师、被告证人、原告律师、原告证人、原告、法庭亲友团、法官、陪审团。每个角色既可以由一人充当,也可以由一个小组充当,这样分配人数时可以很灵活。

3. 允许学生花一定时间作准备,几分钟乃至一小时,这要看问题的复杂程度。

4. 开始辩论。可以考虑使用以下活动:开场陈述、原告和证人的案例陈述、亲友团简短陈情和总结陈词。

5. 法庭审议。这可以公开进行,这样每个人都可以听到各种证据得到了怎样的看待与衡量。没有参与法庭活动的成员可以作为听众,听取案例的各方面陈述。

活学活用

1. 可以通过增加复审阶段来扩展这一活动。

2. 不用陪审团,只用法官。

促 进 提 问

　　"大家有什么问题吗?"老师问。通常情况下,接下来会是一片寂静。有些老师可能会由此认为学生对所学的内容不感兴趣。还有些老师可能会认为学生们把一切都搞清楚了。不幸的是,通常真实的情况是学生们还没有准备好提问。接下来的这些策略将帮助你改变这种状况。学生们将接受更多的挑战,从而形成问题,因为他们有机会思考学习材料。

41. 带着问题开始学习

概　述

如果学习者能够以一种更为积极的、探究式的而非接受式的模式进入学习状态,那么学习新事物的过程将更有效。一种创建这类积极学习模式的方法是老师不事先提供解释,让学生自行探究学科材料。这种简单的策略能够激发学生质疑和提问,而这正是学习的关键。

程　序

1. 给学生分发你选定的教学材料(你也可以选择一页课文)。选择教学材料的关键是该材料能够激发读者的提问。能够提供宽泛的信息但缺乏细节或背景解释的材料是理想的。能够描述某些知识的图表也是不错的选择。可以有多种解释的课文也是很好的。目标是激发好奇心与探究心。

2. 让学生与同伴一起学习或研究该材料。要求每对学习伙伴尽可能地弄懂学习材料,在弄不懂的地方,提出相应的问题。鼓励学生尽可能多地作出问题记号。如果时间许可,让两对学习伙伴再结对成四人小组,两组学生相互帮助。

例如,一位物理老师可以通过向学生放映马戏团演员从 10 米高空往下跳落的过程,来演示势能向动能转化的过程。学生与伙伴一起回顾该过程并提出相应的问题。例如,势能是在什么时候转化为动能的? 动能与势能两者之间有什么本质差别?

3. 让学生安顿下来,回答他们的问题,这样,你就是在通过回答问题教学,而不是预先设置好讲课。或者,如果你喜欢,也可以先研究所有的问题,然后开始教事先备好的讲课,在讲的过程中,在学生提有疑问的地方作出特别处理。

活学活用

1. 如果你感觉难以让学生完全依靠自己学习或研究教学材料,你可以提供一些指导性材料或者提供他们自己探究所需要的基本知识,然后再进行团体研究。

2. 在学习过程中采用个别探究而不是学习伙伴探究的形式。

42. *植入式问题*

概　述

在使用这一技术时，教师先给部分学生布置（或称植入）一些问题，在讲课过程中针对这些问题提供相应的信息。虽然实际上你是在讲授一堂预先准备好的课，但对其他同学来讲，你是在进行着一堂问答式讲课。

程　序

1. 选择能够指引你讲的一些问题。写下三至六个问题，按一定的逻辑顺序安排。

2. 取卡片若干，在每张卡片上写下一个问题，同时写下你要学生问该问题的信号。可以用到的信号如下：

- 刮一下你的鼻子
- 摘掉你的眼镜
- 打一个响指
- 打呵欠

例如，可如下制作该类卡片

不要让别人看到这张卡片

在我们休息完之后，我将讨论"智力是天生的吗?"这个主题，然后我会问大家有没有问题。当我刮一下我的鼻子时，你就举手并提出下列问题：

存在着多种类型的智力吗?

不要照着念，请记住该问题，并尽可能用自己的话提问。

---

3. 在上课之前，选择一些提问题的学生。给每位学生一张卡片，向他们说明相应的信号。确保他们不会让别人知道他们是"内应"。

4. 宣告开始某个主题来启动你的回答过程，给出你的第一个信号。叫起第一位"内应"，回答他的问题，然后继续下一个信号和问题。

5. 现在，开启新问题的闸门——没有预先植入的。你应该会看到有几个人举手。

活学活用

1. 将问题的答案在幻灯片或教学材料上准备好，在学生提出问题时揭示相应的答案。

2. 将问题卡片提供给那些最没兴趣或有敌意的学生。

43. 角色反转问题

概　述

即便你在讲课的当中，而不是在讲完之后，让学生考虑有没有什么问题时，他们也可能反应冷淡。在使用本技术时，你与学生的角色进行反转：你来问问题，让学生试着回答。

程　序

1. 假设你是一位学生，针对某些学习材料，你会问什么问题？可创设的问题如下：

- 试着澄清困难或复杂的材料（例如，"能否再解释一次＿＿＿＿＿＿＿＿＿的方法？"）

- 将材料同其他信息作比较（例如，"这跟＿＿＿＿＿＿＿＿＿有何不同之处？"）

- 挑战你自己的立场和观点（例如，"为什么必须这样做？这样会不会导致很多的困扰？"）

- 请求对所讨论的观点举例（例如，"能否就＿＿＿＿＿＿＿举个例子？"）

- 检测学习材料的应用价值（例如，"我如何能将这个观念应用到现实生活中呢？"）

2. 在提问的开头，向学生宣称你将要"变成"一位学生，而他们合起来成为你的老师。然后你开始问问题。

3. 采取幽默或引起争论的方式来获取学生的热烈参与。

4. 如此反转角色，经过几次之后，应当能激发起学生提问的兴趣，促使他们提出自己的问题。

活学活用

1. 不是在问答过程的开头采用此技术，而改为当学生对提问开始冷场时。

2. 将课堂变为"媒体见面会"，你是媒体记者，而向全班学生针对所学材料提出试探、挑战甚至嘲弄式的问题。

合 作 学 习

促进积极学习的一种最好的方式是布置需要小团体合作完成的作业。同伴支配与观点、知识和技能的多元化有助于将合作学习营造成课堂学习氛围中有价值的一部分。当然,合作学习并不会总是有效。这其中可能会存在不平等的参与、不良的沟通甚至困扰,而不是真正的学习。接下来的这些策略有助于将合作学习的优点最大化,并减少其缺点。

44. 信息搜索

概　述

这种方法有点像开卷考试。学生团队(小组)为提出的问题搜索信息以寻求答案(通常这些信息可在与课堂有关的材料中找到)。这种方法在对付枯燥的材料方面特别有效。

程　序

1. 创设一组问题,学生们通过搜索你所提供的材料,基本上能找到与答案有关的信息。你能提供的材料可以包括如下一些:

- 活页文章
- 教科书
- 参考文献指引
- 可通过计算机查到的信息
- 手工制品
- "硬件"设备(如机器)

2. 向学生们提出相关主题的问题。

3. 让学生以小组的形式搜索信息。还可以设置轻度竞争的友谊比赛以鼓励学生参与。

4. 全班一起对答案进行评价。对答案进行扩充,以扩大学习的范围。

活学活用

1. 创设的问题可让学生从资源信息中推理出答案,而不是通过搜索直接回答。

2. 不是让学生为问题寻求答案,而是给出不同的任务,如要解决的实际问题,一组要通过搜索信息来区分的容易混淆的词,一种项目匹配练习,等等。

45. 研究小组

概　述

这一方法是让学生组成小组,在教师不在场的情况下研究教师给出的学习材料,并条分缕析其中的内容。教师准备的作业应当非常具体,以保证由此引发的学习时段是有效的,小组能进行自我管理。

程　序

1. 给学生一份篇幅简短、排版美观的教学讲义,一篇简短的课文,或是一张有趣的图表。要求他们安静地阅读。当材料的挑战性适中或能让人对它作多种解释时,研究小组工作得最好。

2. 组建研究小组,给他们安宁的空间展开其学习时段。

3. 提供清楚的指导语,指导学生仔细地研读和阐述材料。包括如下的指导语:

- 条分缕析内容
- 创设某信息或观念的范例、说明图表或应用实例
- 澄清你感到混淆或不同意之处
- 针对课文中的内容与观点作出辨析,提出一种对立观点
- 评价你理解材料的程度

这里有个例子。

心肺复苏法(CPR)的步骤

(1) 首先判断有无意识(轻拍并呼唤)。

(2) 如无反映,立即呼救(叫"来人啊! 救命啊")。

(3) 迅速将病人放置于仰卧体位(一定要在坚实的平面上)。

(4) 开放气道(仰头举颏)。在抢救的全过程中,自始至终都要保持呼吸的畅通。

(5) 判断病人有无呼吸(看、听、感觉),如有呼吸则不用吹气,只注意监测。

(6) 无呼吸立即进行口对口吹气两次;如不成功则调整头部位置,再作通气尝试;如仍不成功,则清除阻塞气道异物。

(7) 保持气道通畅,同时判断有无心跳(触摸颈动脉),如有脉搏则每5秒钟吹气一次,并监测脉搏。

(8) 如无脉搏立即进行胸外心脏挤压,以每分钟60—80次的频率作15次挤压并通知医疗急救系统。

(9) 每做15次挤压,需作人工呼吸2次,然后再在胸部重新定位,重复作胸外心

脏挤压。

(10) 挤压与吹气之比为 15：2,反复进行。连续做四遍或进行一分钟后,再判断检查脉搏、呼吸恢复情况和瞳孔有无变化。

讨论每一个步骤。

用图、例等解释每一个步骤。

你希望我澄清或详细阐述哪几个步骤?

现在给出另一个例子。

印象主义的基本概念

A. 非人性:艺术家对主题事物非常冷漠,创作出来的画中完全没有涉及艺术家的感受。

讨论。

举一个例子。

这一概念,你理解到什么程度了? 1　2　3　4　5

B. 光线:艺术家如果想要借助于光线和空间来创作各种错觉形式,就得深入研究作为色彩之源的光线。

讨论。

举一个例子。

这一概念,你理解到什么程度了? 1　2　3　4　5

C. 知觉:艺术家记录他自己对颜色的感知,而不是就照我们看到的那样来描绘世界。

讨论。

举一个例子。

这一概念,你理解到什么程度了? 1　2　3　4　5

4. 把工作分配给小组成员,诸如组织者、计时员、发言人等(见第一部分"10 种选择团队领导和分配其他工作的方法")。

5. 再召集全班,做以下之一项或多项:

- 一起回顾材料
- 测试学生
- 让学生提问题
- 让学生评价他们对材料的理解有多好
- 提供一次应用的练习机会或是一次测验,测试学生的理解情况

活学活用

1. 不组建研究小组。集体朗读材料,就好像牧师带领信徒朗读圣经一样。停止

朗读,教师回答学生的问题,提出问题,或解释课文。

2. 如果班级规模足够大,你可以创造 4 或 6 个研究小组。将研究小组配对,让他们比较笔记、互相帮助。

46. 卡片分类

概　述

　　这是项合作性活动,可用于教授概念、分类特点、关于各种事物的事实或者是用来评价或回顾信息。其特点是有身体运动,这有助于激活疲惫的班级。

程　序

　　1. 给每个学生一张索引卡片,上面有适合归入某一类别或多个类别的范例或信息。这里有几个例子:

- 落叶树木的种类与常绿树木的种类
- 莎士比亚戏剧中的各种角色
- 政府行政、立法和司法部门的权力
- 不同疾病的症状
- 分别填入工作简历不同部分的信息
- 不同金属的特点
- 名词、动词、副词、介词等
- 狄更斯、福克纳、海明威和厄普代克的作品

　　2. 让学生在教室里走动,找到所持卡片和自己的卡片同属一类的其他人。(你可以事先说明类别,也可以让学生自己去发现类别。)

　　3. 让卡片同属一类的学生一起向班级中的其他同学作讲解。

　　4. 每介绍一个类别,给出你认为重要的教学要点。

活学活用

　　1. 让每个小组对他们的类别作教学性的讲解。

　　2. 在活动开始之初,组建团队。给每个小组一套完整的卡片,确保卡片是打乱的,它们应归入的类别没那么明显。让各个小组将卡片分类。按正确归类卡片的数目给小组记分。

47. 学习竞赛

概　述

这项技术是罗伯特·斯莱文（Robert Slavin）和他的助手们提出的"团队—游戏—竞赛"的简化版本。它结合了研究小组和团队竞赛，可用于促进学生对多种事实、概念和技能的学习。

程　序

1. 将学生分为 2—8 人一组，确保各个小组人数相同。（如果无法人数一样，那么你就要算各个小组的平均分。）

2. 提供小组共同学习、研究的材料。

3. 提出一些问题，测试学生对学习材料的理解和/或记忆。采用易于自我评分的形式，比如，多项选择、填空、是非判断或界定术语等。例如，在计算机课堂上，给学生类似下列的术语学习：

层叠：安排已打开窗口的一种方式

图标：元素的图片代表

多任务：电脑同时处理一件以上任务的能力

路径：文件在目录树中的位置

服务器：为其他电脑提供磁盘空间或打印的电脑

属性：关于文件的信息

4. 给学生一部分问题，指出这是学习竞赛的"第一轮"。**每个学生必须独立回答问题。**

5. 学生答完问题之后，教师提供答案，让学生数数他们回答正确的有几个。而后，让他们把自己的得分和组中其他人的得分汇集起来，得到小组分数。宣读各个小组的得分。

6. 让小组再学习一遍，为第二轮竞赛作准备。而后问更多的问题作为"第二轮"。让各小组再次汇集组员的分数，并和第一轮的得分相加。

7. 你可以按你的需要安排竞赛的轮数，**但要确保小组在两轮竞赛间有个学习时段。**（整个学习竞赛的长度也可以调节，它可以只有 20 分钟，也可以是几个小时。）

活学活用

1. 若要对学生的错误回答作"惩戒"，可给他们 −2 或 −3 分。如果他们不确定，视同空白回答，计 0 分。

2. 一系列技能的表现情况可作为竞赛的基础。

48. 两个人的力量

概　述

这一活动用于促进合作性学习，强化合作的重要性与益处——即两个人的智慧总是胜过一个人的。

程　序

1. 向学生提出一个或多个要求反思和思考的问题。比如下面这样的问题：

- 我们的身体是怎样消化食物的
- 知识是什么
- 什么是"正当程序"
- 人脑与电脑有哪些相似之处
- 为什么有时候坏事会发生在好人身上

2. 要求学生独立回答问题。

3. 在所有学生都写完他们的回答之后，让他们两两结对，并互相分享回答。

4. 让每一对学生根据两个人先前的回答作改进，为每个问题都形成一个新的回答。

5. 在所有的结对学生都写好新答案之后，与班级中其他对子的答案作比较。

活学活用

1. 请全体学生为各个问题选出最佳答案。

2. 为节省时间，让某些结对学生回答某些问题比较好，而不是让每对学生都回答全部问题。

49. *团队测验*

概　述

这一团队技术有助于让学生觉得他们正在以一种有趣的、无威胁性的方式学习。

程　序

1. 选择一个可以分三部分介绍的主题。

2. 把学生分成三个团队。

3. 教师解释第一部分的内容,内容的介绍时间限制在 10 分钟左右。

4. 让团队 A 准备一份简答测验,准备时间应该不超过 5 分钟。团队 B 和 C 用这段时间温习他们的笔记。

5. 团队 A 提问团队 B 的一个成员,如果后者回答不出来,那么轮到团队 C 来回答。

6. 团队 A 用准备好的下一个问题考团队 C 的一个成员,其他过程重复。

7. 当测验结束,你可进入课程的第二时段,这时可指定团队 B 为测验制定者。

8. 在团队 B 结束其测验后,你就进入课程的第三时段,此时团队 C 是测验制定者。

活学活用

1. 用团队作为测验制定者时选用的测验问题考察他们自己。

2. 保持教授课程过程的连续性。将全班学生分成两个团队,在授完课程后,让两个团队互相考察。

同 伴 教 学

　　有些专家认为,只有当学习者能够将一个主题教授给其他人时,他才是真正掌握了这个主题。同伴教学在给学生机会学习好某事物的同时,也使他们成为同学的一项资源。接下来介绍的策略是在课堂中组织起同伴教学的实践方法,它们也允许教师在必要的时候对学生的教学活动作补充。

50. 组与组互换

概　述

在这一策略中,将不同的任务作业分配给不同组的学生。而后,每个小组将他们学习到的内容"教给"班级里的其他同学。

程　序

1. 选择一个包含不同观念、事件、立场、概念或处理方法的主题。该主题应当是有助于观点或信息的互换(而不是促使人进行辩驳的)。这里有一些例子:

- 美国内战期间的两次著名战役
- 两位或更多位作者的观念
- 儿童发展的各个阶段
- 增加营养的不同方法
- 电脑的不同操作系统

2. 根据任务的数目将全班学生分组。在绝大多数情况下,2—4个小组比较合适。给每个小组足够的时间去准备他们怎样介绍他们承担的任务主题,比如,一个小组要介绍詹姆斯•鲍德温的一本著作,另一个小组则要介绍托尼•莫里森的一部作品。

3. 完成准备阶段之后,让小组选出一个发言人,而后依次邀请发言人向其他小组阐述。

4. 在发言人简短的介绍之后,鼓励听的学生就介绍的内容提问,或是发表他们的观点。允许发言人所在小组的其他成员回答问题。

5. 继续剩下的介绍活动,这样每个小组都介绍自己的信息,并对听众提问和评论作出回应。比较和对比互换的观点和信息。比如,一位教师用这种方法让学生对布置的两个国家进行比较。一个小组分到的是哥斯达黎加(以和平著称的国家),另一个小组分到的是萨尔瓦多(近期受内战困扰)。在两个小组分别介绍了两个国家的文化和历史之后,大家讨论,分析两个相邻的国家为何会有如此迥异的经历。

活学活用

1. 要求小组在介绍之前作广泛的研究。

91

2. 可采用工作组或"玻璃鱼缸"＊的讨论形式进行小组介绍。

＊ 玻璃鱼缸(Fishbowl)

一般情况下有三到四个(A、B、C、D)小组参与同一个问题解决,在其中一个小组(如 A 组)开始工作的同时,其他小组(B、C、D组)观察该小组(A组)对问题解决的方法、途径及问题解决的技巧,发现其优点与不足之处,以在恰当机会与其讨论并阐明各自的观点。特殊情况下(仅有两个 A、B 小组参加),第一个小组(A组)致力于寻找与自己不同的观点、仔细倾听 B组对问题解决的思路与解释以及不同的技巧与方法。第二个小组(B组)则将注意力集中在 A组的动态上,以准备同 A组讨论其解决问题的优劣(有时也可能将注意力集中在问题上)。经过一段时间之后(也可能 A小组还没有完成问题解决),全班共同商讨经发生的问题和什么问题没有发生或可能发生什么问题,以将注意力有效地集中在目标问题解决上。目标观察结构可用下图来表示(图中小组"活动"即问题解决)。

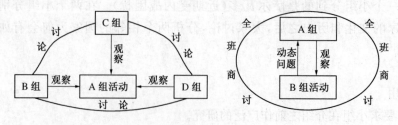

目标观察结构

51. "拼板"学习法

概　述

　　"拼板"学习法是广为采用的一种技术,与"组与组互换"这一策略相似,但不同于后者的是,它让每一个单个学生教授知识。当所要学习的材料可以划分成许多部分或块,并且各个部分在教授时没有必要遵循先后顺序时,这种方法是令人兴奋的选择。每个学生学习一些知识,这些知识可以和其他人学习的知识结合起来,并且结合起来后就形成一个和谐的知识或技能体系。

程　序

　　1. 选择可分成多个部分的学习材料。一个部分可以是一个句子那么短,也可以是几页书那么长。(如果材料相当长,你可以要求学生在上课前预先读过。)

　　材料如:

- 一份有多种观点的讲义
- 科学实验的多个部分
- 一篇有多个部分或小标题的课文
- 许多定义的清单
- 一组篇幅相当长的文章,或是其他种类的简短阅读材料

　　2. 清点划分出的学习部分的数目和学生的数目。如果两个数目相等,那么给不同组的学生以不同的任务。例如,假设一个班级有 12 个学生,你将学习材料分成 3 部分或 3 块。随后,你可形成 3 个 4 人组合,布置给任一小组部分 1、2 或 3。而后,要求每个 4 人组合或"研究小组"阅读、讨论和学习布置给他们的材料。(如果你愿意,也可以先形成两对"学习好伙伴",再把这两对结合进 4 人组合,互相询问和分享。)

　　3. 学习时段之后,形成"拼板学习小组"。"拼板学习小组"包括班级中每个"研究小组"的一个代表[*]。在前面的例子中,每个 4 人组合的成员可以编号为 1、2、3 和 4。而后,让拥有相同编号数的学生形成"拼板学习小组"。结果是形成 4 个 3 人组合。每个 3 人组合里都有 1 个人学过部分 1,1 个人学过部分 2,还有 1 个人学过部分 3。下面的图表示了这个过程。

---

　　[*] 在许多情况下,学生的人数不能按学习部分的数目平均地分配。如果你碰到了这种情况,你可以调整做法,用学习伙伴取代小组。将学习材料分成两部分,将一部分布置给一对中的一位学生,另一部分则布置给他/她的伙伴。例如,有一项 7 部分的任务,一位学生承担 1—4 部分,其伙伴则承担 5—7 部分。你可以在同一任务中轻而易举地创造学习好伙伴。而后让两个伙伴互相教对方自己学过的知识。

全部小组图示

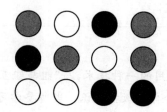

研究小组图示

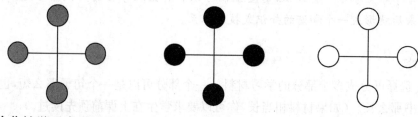

合作性学习小组图示

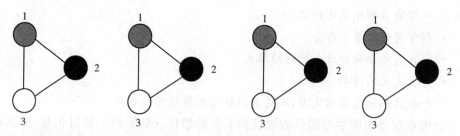

4. 要求"拼板学习小组"的成员互相教授他们（自己）学过的东西。

5. 集合全班学生一起作回顾，并解决残留问题，确保学生获得准确的理解。

活学活用

1. 布置一项新任务，诸如回答一组问题，具体情况有赖于拼板学习小组所有成员累加起来的知识。

2. 布置不同学生学习一项技能的责任，而不是学习认知信息。让学生互相教授自己学到的技能。

52. 这里的每个人都是教师

概　述

这是一种简便易行的策略，但能赢得全班学生的广泛参与和"仁者见仁，智者见智"的个别化解释，它让每个学生都有扮演其他学生的"老师"的机会。

程　序

1. 分发给每个学生一张索引卡片，让他们在卡片上写下他们关于所学材料（如，一项阅读任务）的疑问，或是他们希望在班级里讨论的特定话题。

比如，在一堂讲述美国短篇故事的课堂上，教师可以通过给学生分发索引卡片，让学生在卡片上写下他们对 Shirley Jackson 的故事《抽签》(The Lottery)的一个问题，从而为全体学生讨论这个故事奠定基础。下面是学生提出的、让全班讨论回答的一些问题：

a. 村民们拿着签是要取悦谁呢？

b. 抽签的仪式是怎么开始的？

c. 为什么没有人停止掷石头呢？

d. 为什么萨默斯先生掌控着抽签？

2. 收齐卡片，打乱顺序后给每个学生发一张。让学生默读自己所持卡片上的问题或话题，思考该对它作何反应。

3. 让学生主动站出来朗读他们卡片上的内容，并作出回答。

4. 在主动的"志愿者"回答完后，让其他学生作补充。

5. 只要有"志愿者"，这一过程就继续下去。

活学活用

1. 收集卡片之后不再分发，创建一个"回答者工作组"。读一张卡片，发起一场讨论。工作组的成员经常滚动轮换。

2. 让学生在卡片上写下他们对学习材料的观点或观察。让其他学生就这些观点或观察表示同意或不同意。

53. 同伴课堂教学

概 述

这种策略用于促进课堂中的同学教学,这种课堂让班级成员担负起教导"后学"学生的全部职责。

程 序

1. 把班级分成多个小组,小组的数量依据你要教授的主题数目而定。

2. 给每个小组一些信息、一个概念或一种技能来教导其他人。下面是一些主题:

- 一个有效章节的结构
- 心理防御机制
- 解一数学谜题
- 艾滋病的传播

你提供给学生的主题应该是互相有关联的。

3. 让每个小组设计一种方法,将小组的主题呈现或教授给其他同学。建议他们避免采用演讲或念报告的形式。督促他们尽可能给其他同学一种积极的学习体验。

4. 给出下面这样的建议:

- 提供视觉上的帮助材料
- 适当的时候,形成阐述性短文
- 用范例和/或类比来说明教学要点
- 用讨论、测验游戏、写作任务、角色扮演、心理想象或个案研究等活动让学生参与进来

- 允许学生提问

比如,一位老师将一堂社会学课交给学生去设计课堂教学,其中包括老年化的四个重要问题。学生组成四个小组,并选择了以下几种同伴教学的形式:

- 老年化的过程:一个有关老年化知识的是非测验游戏
- 老年化的生理方面:老年化典型表现的模拟(如,关节炎、听力衰退、皮肤起皱纹)

- 老年化的刻板印象:一项写作任务,班级成员写下社会上对老年人的知觉
- 丧失独立性:角色扮演活动,需要一位成年人参加,儿童与其父母讨论转变问题。你也可以从本书中选取一些方法,作为教学策略

5. 给学生足够的制定计划和做准备工作的时间(可以是课内,也可以是课外)。

而后，让各个小组"上课"。对他们的努力，给予掌声和鼓励。

活学活用

1. 不采用小组教学，而是让学生独立地教导或辅导其他人，或是组建人数少的组。

2. 允许小组在正式"上课"前，给同学作预讲。

54. 学生创建的个案研究

概 述

个案研究作为最好的学习方法之一,得到广泛运用。一个典型的个案讨论,侧重于具体情况或范例所涉及的问题,应该采取的行动和可以学会的课程内容,以及在将来处理和避免这种情境的方法。下面讲的技术允许学生创建他们自己的个案研究。

程 序

1. 把全体学生分成两人或三人一组,让他们做一个个案研究,该个案研究须得是班级中其他同学能够分析和讨论的。

2. 说明:个案研究的目的是通过考察一个能反映主题的情境或范例,来了解一个主题。下面是一些例子:

- 一首俳句的诗,可以从其行文中分析它是如何产生的
- 一份实际的简历可以加以分析,从中学会如何写简历
- 关于某人如何实施科学实验的解说,可以加以讨论,从中学习科学的操作程序
- 经理和雇员间的一番对话,若加以考察,可从中学习如何给人正强化
- 在家长和孩子的一个冲突情境中,研究家长所采取的步骤,可以学习行为管理

3. 给小组提供足够的时间,以便他们形成简短的个案情境或范例,他们提出需要讨论的范例或问题,或者是需要解决的问题,这些问题或范例是与课堂主题相关的。

比如,一堂有关20世纪美国历史的课,老师可以选择三个不同的美国越洋干预的历史事件。一个小组分配到一个事件,这样每个小组都能做个案研究,去回顾美国的外交政策。

这三个事件是:

1. 比格斯湾入侵事件

2. 越南战争

3. 向索马里派遣军队

每个小组写下概括性的个案研究,其中导致美国决定向海外出兵的事件要详写。待分析的问题是:

- 美国出兵干预的主要原因是什么

- 美国公众对这一决策有多少了解
- 谁作出这一决策
- 美国外交政策的最终形成,有哪些先例可循

4. 完成个案研究以后,让各小组将他们的东西介绍给班级。允许小组的一个成员主导个案讨论。

活学活用

1. 让少数自告奋勇的学生预先为班级的其他同学准备个案研究。(个案研究的准备工作是一项极好的学习任务。)

2. 创建数量为偶数的小组,将小组两两配对,两个小组互相交流个案研究。

55. 新闻素材

概 述

这是一种有趣的方法,能让学生积极参与,唤起学生对主题的兴趣;即使是在上课之前,它也能起到这样的作用。这一同伴教学方法也会产生丰富的材料和信息财富,可与所有学生分享。

程 序

1. 让学生带些文件、新闻事件、评论文章、与课堂教学主题有关的卡通片等到学校。比如,老师可以要求学生带来关于气候的报纸或杂志文章,如讨论全球变暖问题的文章。

2. 把全班学生分成若干个小组,让他们在组内互相分享自己的东西,并挑选出2—3个最有趣的。

3. 重新召集全班学生坐到一起,让每个小组的代表介绍他们组挑选出来的东西,和其他同学分享。

4. 在小组作介绍时,仔细听你将对全班讲解的要点,用学生讲到的信息去推动讨论。

活学活用

1. 收集学生提供的所有材料,做好备份,将它们作为课堂教学下一时段的材料分发给学生。或者,让学生在上课前上交他们的材料,而后你做备份,并把他们作为预读作业发给学生。

2. 将新闻素材作为个案研究或角色扮演的基础。

56. 海报

概　述

这是一种能有效传达信息给学生、引发学生想像、鼓励学生彼此交流观念的内容展示的方法。这种技术也是新颖和形象的,能让学生在非威胁性的环境中,表达出他们关于当前所讨论的主题的知觉和感受。

程　序

1. 要求每个学生选择与你们正在学习或讨论的课堂总主题有关的一个小主题。

2. 要求学生在海报或通告板上准备对他们的概念作视觉化的展示。(你决定做的尺寸。)海报展示是自我解释的,即观察者无需任何书面或口头的更多解说就能轻易地理解海报传达的观念。当然,学生可以准备一页讲义,与海报相配,提供更多细节,起到提供进一步的参考材料的作用。

3. 在规划好的课堂时段,让学生张贴他们的视觉化展示物,允许学生自由地在教室里走动观看,和其他同学讨论。

比如,一堂健康课,学习的是压力,可以包括以下主题:

- 压力的原因
- 压力的症状
- 压力对自己和对他人的影响

有一位学生制作海报说明压力的症状,他的海报展示出下列图片:

- 某人在秤上超重
- 某人在饮酒
- 两个人在吵架
- 某人在头痛

每张图片下面都有一小段文字,解说一个压力中的人是怎样、为什么会表现出图中描绘的症状的。

4. 在课堂结束前15分钟,将全班学生集中起来,一起讨论他们发现了什么与活动有关的、有价值的东西。

活学活用

1. 你可以不给每个人布置作业,而是把学生分为2人或3人一组,当主题限制在一个范围内时尤可如此。

2. 在海报制作时段之后,可以安排专题小组讨论,某些海报展示者成为某一专题小组的成员。

独 立 学 习

全班共同学习和合作性学习可经由独立学习活动来提高。当学生自学时,他们会养成专注和沉思的能力。自学也让他们有机会为自己的学习行为负责。下面所述的策略结合了可用于课堂内外的多种技术。

57. 想像法

概　述

通过视觉化想像,学生能创造出他们自己的观念。想像法可作为合作性学习的一种有效的创造性补充方法,也可用作那些最初看来超过学生承受能力太多的独立项目的起跳板。

程　序

1. 介绍将要涉及的主题。向学生解释,这一主题要求发挥创造力,视觉化想像的运用会对他们有所助益。

2. 指导全体学生闭上眼睛。导入放松练习,让学生把头脑中现有的繁杂思绪清除干净。要得到这样的结果,教师可运用背景音乐、朦胧的灯光,并指导学生均匀地呼吸。

3. 从热身练习到张开心灵的眼睛。让学生闭着眼睛,心里努力想像着某些景象和声音,诸如玫瑰花苞绽放、他们的卧室、变换中的交通灯、下雨的淅沥声音等。

4. 当班中学生放松下来并热身起来后,提供一个需要他们继续加工的意象。建议如:

- 一种未来的经验
- 不熟悉的环境布置
- 一个待解决的问题
- 不久将要面对的项目

例如,一位教师帮助学生做应聘时接受面试的准备,问学生以下问题:

- 你穿什么衣服
- 面试时间
- 办公室看起来如何
- 你坐的椅子是什么样的
- 面试考官坐在哪里
- 面试考官看起来怎样
- 你感觉如何
- 面试考官问你些什么? 你是怎样回答的

5. 在描述意象之后,教师要留给学生一段安静的时间,以便他们有时间构建视觉化的意象。你可在问题中鼓励学生运用各种感觉器官,例如:

- 它看起来怎么样

- 你看到了谁？他们在做什么
- 你感觉如何

6. 对意象的指导走向尾声，指导学生记住他们头脑中的意象。舒缓地结束练习。

7. 要求学生组成小组，分享彼此的想像经验。让学生用尽可能多的感觉器官的感受来向别人描述自己的意象，也可以让他们写下来。

活学活用

1. 既然学生在心里想像过他们在特定情境中会怎样行动，那么就让他们根据自己的想法制定出实际行动的方案。

2. 开展一次学生体验失败的想像练习，而后让他们想像获得成功的情况。

58. *此时此地的写作*

概　述

写作能让学生对自己有过的经验进行反思。促进独立反思的一种戏剧性方法是让学生对他们有过的经验作"现在时态"的解释（仿佛它就在此时此地发生）。

程　序

1. 选择某种你希望学生写的经验。它可以是过去的事件，也可以是将来的。可能的选择诸如：

- 一个近期的难题
- 一件家事
- 从事新工作的第一天
- 一次自我介绍
- 和一位朋友的一次经历
- 一个学习情境

2. 告诉学生你选定了哪类经验，目的是让他们进行反思性写作。告诉他们，反思经验的一种好方法是当作此时此地第一次体验它。这样比写"那时那地"或遥远的未来中的事件，能写出更清晰的冲击，更有戏剧性。

3. 提供清晰、坚固的写作平台，创设安宁、私密的写作环境。

4. 让学生就选定的经验以现在时写作。文章一开始就写经验，写下他们和别人的所为和所感，如："我站在同学们面前作自我介绍。我很想表现得自信些……"让学生按自己的意愿尽可能多地写所发生的事情和所产生的感受。

5. 留出足够长的写作时间。不能让学生觉得时间紧迫。当他们结束写作时，让他们朗读自己此时此地的反思。

6. 讨论他们将来会采取的新行动。

活学活用

1. 帮助学生进入反思性写作的情绪状态，首先开展一次想像练习或是进行与你布置的主题有关的小组讨论。

2. 让学生分享他们写下的东西。一种方法是请有限数量的自告奋勇者朗读他们完成的作品，另一种方法是让学生结对，小伙伴互相分享作品。

59. 心灵地图

概　述

心灵地图是个体学生产生观念、记录学习或计划一个新项目的一种创造性方法。让学生构建心灵地图能使他们清晰、创造性地识别他们学习过什么,他们计划学什么。

程　序

1. 选择心灵地图的主题,比如:

- 一个问题,你希望学生围绕它创造行动观念
- 你刚教过的一个概念或一种技能
- 要学生制定计划的一个项目

2. 运用色彩、形象或符号为全班构建一个简单的心灵地图。例如,去百货商店的经历中,一个人根据心灵地图购物,在心灵地图中,要购买的东西按照它们所在的区域分门别类(如,日用品、农产品、冷冻食品等)。解释你心灵地图中的色彩、形象和符号是怎样促进整个大脑的思维的(相对左脑思维、右脑思维而言)。请学生援引他们日常生活中可用于构建心灵地图的例子。

3. 提供纸张、记号笔及其他你认为有助于学生创造丰富多彩、图文并茂的心灵地图的资源。建议他们从创造图画中心、复述主题或主要观念开始。而后,鼓励他们将整体分割成较小的组成部分,围绕地图的周边描绘这些组成部分(运用色彩和图表)。**督促他们以图形化的方法表达观念,尽量少用文字。**随后可以精细化,把诸多细节添加进去。

4. 给学生充分的时间以形成其心灵地图。鼓励他们多观看他人的作品,以激发灵感。

5. 让学生分享各自的心灵地图,并就这一勾勒观念的创造性方法的价值开展讨论。

活学活用

1. 可布置一个团队做一幅心灵地图,而不是每个学生完成一幅。
2. 用电脑制作心灵地图。

60. *行动学习*

概　述

　　行动学习给学生亲身体验在真实生活情境中应用课堂中所学或所讨论的主题和内容的机会。课堂外的项目让他们有一种不断发现的喜悦情绪，在与同学分享自己的发现时发挥创造性。这一活动的美妙在于它适用于任何主题或应用。

程　序

　　1. 以简短的课堂演讲和课堂讨论的形式提供一些背景知识，将主题介绍给学生。

　　2. 向学生解释，你准备给他们一个亲身体验主题的机会，作一次进入生活情境的"现场旅行"。

　　3. 将全班学生分成 4—5 人一组的小组，让他们列出问题清单和/或他们在"现场旅行"中要寻找的具体事物。

　　4. 让各小组张贴出他们的问题或事物检查清单，并与其他同学分享。

　　5. 全班同学讨论清单中的项目，制定出适合所有人使用的清单。

　　6. 给学生一个截止时间（如，一个星期），指导他们访问一个或多个地方，用他们的问题清单或检查清单访问或观察。他们可以自己选择地址，你可以作具体的任务布置以免重复，或是达到良好的任务分配。例如，你可以安排学生去访问商业部门，像零售店、快餐店、旅馆、汽车修理店等。而后他们可作为顾客前往暗访，看看他们会受何种招待。

　　7. 问题应该具体，便于学生互相比较、发现。

　　例如，就顾客服务而言，以下观察项目是合适的：

- 服务员在招呼客人之前要花多长时间
- 服务员微笑了吗
- 服务员周到而有礼吗
- 服务员要确认问题时，提的是开放性问题吗
- 服务员运用积极倾听技术吗？给出例子
- 服务员解决问题了吗
- 你作为顾客，对你的体验感到愉快吗？为什么

　　8. 让学生通过一些聪明或创造性的方法（如，一个小品、模拟的访谈、工作小组讨论或一个游戏）和班级中的其他同学分享发现。

活学活用

1. 你可以让学生 2 人一组或 3 人一组,每个小组承担一项任务,而不是给每个学生一项任务。

2. 并不是非要全班同学形成一个共同的问题清单或观察指导,学生可以形成各自的清单。

61. 学习日志

概　述

　　当要求学生较深刻地写下他们曾有的学习经验时,我们是鼓励他们通过书面语言的表述清楚地意识到发生在他们身上的事。在这一方面,一种被广泛运用技术就是学习日志,学生保持一段时间的反思性记录或日记。

程　序

　　1. 告诉学生:经验未必是最好的老师,对经验进行反思,认识到这些经验教授了自己什么东西是很重要的。

　　2. 请学生(如果可以,就要求他们务必)对他们的反思和学习作日志。

　　3. 建议他们每周写两次日志,他们关于所学内容的所思和所感,记录下来作为个人日记(不必担心拼写、语法和标点问题)。

　　4. 让学生关注以下类别中的一些或全部:

- 他们仍感到**不清楚**的或**不赞同**的
- 学习经验怎样与他们的个人生活**相联系**
- 学习经验怎样反映在他们看过、读过或做过的其他事情中
- 在学习之后,关于自己或他人,他们观察了些什么
- 他们从学习经验中**归纳**出了什么
- 作为学习经验的影响结果,他们想做什么

　　5. 定期地收上日志,阅读并写下评语,这样学生才有理由和兴趣继续下去,你也能获得他们学习情况的反馈。

活学活用

　　1. 未必要用空白的笔记本写日志,你若提供有结构的表格,学生写时可以更好地组织日志的记录。

　　2. 让学生在课堂上完成日志,而不是课后。

62. 学习合同

概　述

自我指导的学习往往比教师指导的学习更深入、更持久。然而,你应该确保所有学生都清楚学些什么、怎样学。达成这一目标的一种方法就是学习合同。

程　序

1. 让每个学生选择一个他/她想独自学习的主题。

2. 鼓励学生仔细地思考整个学习计划。给学生足够的时间进行制定计划所需的研究和咨询。

3. 要求学生写出书面的合同,涵盖以下几点:

- 学生想要达到的学习目标
- 要掌握的具体知识或技能
- 要开展的学习活动
- 学生将展示出来的表明预定目标已达到的证据
- 完成日期

下面这个合同的作者是一位想创作一份简历的学生。

主　　题：简历写作

学习目标：以适当的语言在纸上展现自己

具体知识：• 选择恰当的格式

　　　　　• 将四页内容压缩成两页

　　　　　• 写下一个清楚的职业目标

学习活动：• 看看简历的样本

　　　　　• 选择自己喜欢的那种样式

　　　　　• 根据教师的评论准备草稿

　　　　　• 必要时重写

　　　　　• 分发给三个人,请他们评论

　　　　　• 准备最终的简历

完成时间：两周以内

4. 与学生会谈,讨论提交的合同。建议学生查询他们能找到的学习资源。你希望他们作哪些改变,都要和他们商讨。

活学活用

1. 除了制定个别学生的学习合同,还可以制定小组学习合同。

2. 你可以不给学生选择的自由,由你选定主题和目标,或是给出有限的选择范围。但就如何学习而言,可以给学生更多的选择。

情 感 学 习

　　情感学习有助于学生考察他们的感受、价值观和态度。即使是最技术性的主题也会涉及情感学习。比如，如果学生在使用电脑时感到焦虑或对自己不确定，那么电脑技能有什么好呢？后面的策略用来使学生意识到伴随许多课堂主题的感受、价值观和态度。它们轻柔地推动学生去考察自己的信念、询问自己是否对新的做事方式有足够的热情。

63. 看它是怎么样的

概　述

我们常常要通过一个主题活动来促进学生对不熟悉的人物和情境的理解与感受。达成这一目标的最好办法之一是创造一种有效的活动,模拟陌生人物或情境可能的情况。

程　序

1. 选择一类你希望学生学习的人物或情境。这里有一些例子:

- 处于少数派时会怎么样
- 处于历史上的不同年代时会怎么样
- 从不同文化看时怎么样
- 面对特殊问题或挑战时会是怎么样的

2. 创造一种方法模拟人或情境。这样做的方法诸如:

- 让学生穿上某个人物或情境的服饰,或是让他们操作设备、零件、舞台道具、该人物或情境的其他所有物,或是参与该人物的典型活动。

例如,为使学生较敏感地认识到老年化的正常过程,我们可以给他们戴上一副镜片上涂抹了凡士林的眼镜,给他们的鞋子里放上一颗豌豆,两只耳朵都塞上一团棉花,两只手戴上橡胶手套。然后让他们拿出一支铅笔和一张纸,写下他们的姓名、地址和电话号码,或是到教室外走一走、开门和转一圈。

- 让学生置身于某个情境,他们在情境中要像他们扮演的角色那样作出反应

- 运用类比进行模拟:创建一个学生看似熟悉、实际却陌生的场景。比如,你可以让所有左撇子学生描绘文化与众不同的人

- 你扮演某个人,让学生来访问你,谈谈"你"的经历、观点和感受

比如,一位自然科学教师(凯特·布鲁克斯)打扮成伽利略,并表演了一出讲述他的生活、讲述他所面对的道德两难情境的戏。当伽利略用天文望远镜获得新发现时,文艺复兴时期的音乐声响起,行星仪上点起烛光。戏剧结束时是著名的伽利略实验和他对自己的教学的捍卫。最后,学生写一篇探讨伽利略所面对的道德问题的论文,给出他们对伽利略的决定的看法,设想他们处于伽利略的境地时会怎么做。

3. 问学生,这种模拟感觉如何。讨论身处他人境况的体验。请学生思索陌生人物或情境给予他们的挑战。

活学活用

1. 如果可能,安排与陌生人物或情境的真实接触。

2. 开展心理想像体验,在这一体验中,学生想像看到陌生人物或情境的情况。

64. 告示板等级排列

概　述

许多学习情境包含不正确、错误的内容。当你教授的某个主题内容,学生对它有许多价值观、想法和偏好时,采用这一活动可激发反思和讨论。

程　序

1. 将学生分成 4—6 人一组。

2. 给学生以下任意一份清单:

- 他们拥有的价值观(如,1. 忠诚;2. ……)

- 他们信奉的观点(如,1. 防止犯罪应当是国家首要关心的问题;2. ……)

- 解决问题的各种方法(如,节约能源的方法有:1. 几户人家合用汽车; 2. ……)

- 他们或其他人面临的决策选项(如,1. 合法药物;2. ……)

- 他们渴望的特点(如,1. 长得漂亮;2. ……)

- 他们具有的偏好(如,1. 爱德格 • 亚伦 • 鲍;2. ……)

比如,我们还可以问学生,他们希望朋友具有哪些品质:可靠、有趣、酷、善解人意等。

3. 给每个小组一本"便事贴"。一张"便事贴"上写一项内容。

4. 然后让各小组对"便事贴"分类,他们最喜欢的价值观、观点或行动排列在最上方,余下的按等级顺序依次摆放。

5. 制作"告示板",各小组在板上展示他们排列的偏好。("便事贴"可以贴到黑板上、表格中或一张大纸上。)

6. 各小组展示出其等级排列之后,作组间比较。

活学活用

1. 尝试取得全班的一致意见。

2. 让学生对组中等级排列迥异于他人的成员进行访谈。

65. *什么？然后怎样？现在如何？*

概　述

要求学生对他们刚具有的经验进行反思、探索其意义,可提升探索性学习活动的价值。这一反思阶段常常被称为加工或精炼。如今,一些实验教师使用术语"收获"。要收获丰富的学习经验,这里有一个三步骤的序列。

程　序

1. 带领全体学生进入符合你的主题的经验,这些经验可以是以下这样的:

- 游戏或模拟练习
- 郊游
- 一次录像
- 一个行动学习项目
- 一场辩论
- 角色扮演
- 心理想像练习

2. 学生在该经验中发生了什么,要将之与人分享:

- 他们做了什么
- 他们观察到什么？想了些什么
- 在经验中他们有些什么感受

运用本书第一部分"10种保证随时参与的方法"中列出的备选项来产生回答。

3. 而后让学生问自己:"然后怎样?"

- 他们从经验中获得了哪些收益
- 他们学会了什么？再学习
- 活动的意义是什么
- 经验(如果是一次模拟或角色扮演的话,那么它)是怎样与现实世界相关联的

4. 最后,让学生考虑:"现在如何?"

- 将来你想怎样不同地做事
- 你能怎样拓展你的学习
- 你会采用怎样的步骤去应用所学

活学活用

1. 讨论限定在"什么?"和"然后怎样?"上。
2. 使用这些问题激发日志写作(见策略 61"学习日志")。

66. 主动的自我评估

概　述

通过主动的自我评估,学生能够分享他们关于某一主题的态度。这一方法允许教师评量学生的感受和信念,起到引发课堂讨论的起跳板作用。

程　序

1. 列出一张陈述句的清单,将上面的句子念给学生听,以评估他们对给定主题的态度和感受。

例如,某位教师列出了如下一份清单:

- 我想要一份工作,它能让我和别人一起工作
- 我想要一份工作,就我的技能而言,它能给我最高的报酬
- 我想要一份工作,它给人安全感,我不必担心会常常要受到评估
- 我想要一份工作,我不必把工作任务带回家做
- 我想要一份工作,它不需要经常出差
- 我想要一份对社区有价值的工作
- 我想要一份一直挑战自身能力的工作

2. 让学生站到教室的后方,桌椅全部放到教室的一侧。

3. 在教室前方创建一个 1—5 的五点评定量表,可以在黑板上写数字,也可以在墙上贴数字。

4. 解说:教师将句子念给学生听。学生听完一句,就站到最符合他们关于主题的态度或知识的评定数字前面。根据主题的性质,数字 1 可以是"非常同意"或"完全理解",直到数字 5 表示"非常反对"或"完全不理解"。

5. 教师每念完一句,学生就要移动到最符合他们的知识或观点的数字前排队。教师可请不同队列中的一些学生解释他们为何选择这一位置。

6. 在听完别人的观点后,请想改变自己位置的学生解释自己的想法。

7. 继续念句子,让学生移动到最匹配他们的观点或知识的数字前面。

8. 接着,把学生打散后分成小组,给他们一份写有句子的书面材料,让他们讨论。

9. 再让学生重新考虑他们个人在各个项目上的立场,给每个句子标上反映他们最终对句子的同意或不同意程度的数字。

活学活用

1. 在较广阔的场景中，可让学生先选择对句子的反应，再移动到相应编号的地点。

2. 从小组讨论开始，再作个体（私人的）评估。

67. 角色榜样

概　述

这一活动是激发学生对价值观和态度开展讨论的一种有趣方法。让学生提名他们视为具有与课堂上所学主题相关的特质的角色榜样的著名人物。

程　序

1. 将学生分为 5 到 6 人一组,每组一张白报纸和数支记号笔。

2. 要求每组确定 3 个他们视为所讨论主题代表的人物。比如,在音乐主题上,他们可以选择 Elton John, Billy Joel 和 Stevie Wonder。

3. 他们认定 3 个著名人物之后,要列出这三个人物共有的特点,正是这些特点使他们成为所讨论主题的范例或角色榜样。他们在白报纸上列出人物及其特点后,在墙上张贴出来。

4. 集合全班学生,比较不同组的"报纸",让各个小组解释他们为什么选取了这些人。

5. 带领全体学生就学生中的多种认识展开讨论。

活学活用

1. 可不引用真实人物,可以选择虚拟的角色。

2. 可以给每个小组一张所讨论主题代表人物的清单。

技 能 发 展

当今教育的重要目标之一是获得现代职场所需的技能，要有写作和计算等技术性技能，还要有专注地倾听和清晰地口头表达等非技术性技能。当学生努力学习新技能、提升已有技能时，他们需要进行有效的练习，获得有用的反馈。接下来的策略提供培养技能的不同方法。有些严肃，有些有趣。特别是这些策略中有不同的角色扮演设计。

68. 开火流水线

概　述

　　这是一种可用于测验、角色扮演等众多目的的生动、快速的移动形式,其特点是持续地更换学生对子。学生有机会对快速"开火"的问题或其他类型的挑战作出反应。

程　序

　　1. 先确定你出于什么目的要使用"开火流水线"。这里有一些以技能发展为目标的例子:

- 学生能互相测验或操练
- 学生能角色扮演一个布置给他们的情境
- 学生可互相教授

你也可以将这一策略用于其他情境。这里有一些例子:

- 学生访问他人来获得其观点和意见
- 学生讨论一篇短课文或引文

　　2. 排好面对面的两排椅子,椅子的总数要够所有学生坐。

　　3. 每排椅子分成 3—5 个一组。排法可如下图:

　　4. 分给每个"X"学生一张卡片,卡上写有一项任务或作业,由他/她指示坐在对面的"Y"学生来回答。采用以下类别之一:

- 一个访谈主题。如,问你对面的人:"你对＿＿＿＿这本书中的人物有什么感想?"
- 一个测验问题。如,问你对面的人:"这个公式用于＿＿＿＿＿?"
- 一篇短课文或引文。如,问你对面的人,他/她对"没有任何事重要到你必须为它而奋斗"这一句话有什么看法
- 扮演一个角色。如,让你对面的人扮演一个必须劝说朋友戒酒、不开车的人
- 一项教学任务。如,让你对面的人教你什么时候使用冒号,什么时候使用

分号

给一个组的每个"X"成员一张不同的卡片。

比如，一位教师训练学生保持良好的视线接触和流畅的口头表达。他给一组中的"X"成员如下卡片之一：

- 请你对面的人说说他/她对美国现任总统的看法
- 请你对面的人谈谈他/她的童年
- 请你对面的人解说他/她使用的牙膏的特点和益处
- 请你对面的人告诉你他/她的爱好和兴趣

5. 开始第一项任务。在一段简短的时间后，宣布所有的"Y"学生在组内向左（或向右）移一个位子，"X"不动。让"X"用他/她拿到的任务或作业向对面的"Y""开火"。你有多少个不同的任务，这一活动就可以开展几轮。

活学活用

1. 交换"X"学生和"Y"学生的角色。

2. 在某些情境中，给一个组中的成员相同的任务是有趣的和合适的。这时，就要求"Y"学生对组中不同成员的相同指示作出反应。比如，让一个学生多次角色扮演同一个情境。

69. 主动观察和反馈

概 述

要在角色扮演练习或技能练习期间进行观察,通常的程序是一直观察到表演结束,听取反馈之前。而这一程序则是给表现者即时反馈,它也让观察者在表现期间行动起来。

程 序

1. 开发一个角色扮演练习,一些学生在练习中演练技能,同时让其他人观察他们。

2. 提供观察者一份具体的检查清单,上面列出他们需注意的积极和/或消极行为。指导他们在角色扮演者做出恰当行为时给出一个信号,在后者作出不恰当行为时给出不同的信号。可以使用的信号有:

- 举手
- 口哨
- 弯下手指
- 拍手

比如,上西班牙语口语课的学生可以用这一活动来练习语法。教师准备10个不同的情境,让角色扮演参与者从帽子中抽签选择一个。在角色扮演开始之前,学生选定一个语法不正确的信号(弯下手指)和一个正面强化的信号(挥手)。两个人进行角色扮演,用西班牙语对话。如果发生了语法错误,观众就弯手指;提供积极反馈,观众就挥手。为避免时常的中断,活动中可安排一分钟的间隔,进行一般评价(弯手指或挥手的次数)或即时评定。

3. 向学生解释,用信号的目的是为了给角色扮演者提供他们表现方面的即时反馈。

4. 同角色扮演者讨论参与技能练习的体验。看看即时反馈是帮助了他们,还是拖累了他们。

活学活用

1. 允许观察者用信号(如,吹一声口哨)定住角色扮演的行动,向角色扮演者提问题或提供细致的反馈。

2. 将角色扮演录下来。在录像过程中禁止任何形式的主动观察反馈。让学生观看录像带,重播时运用约定好的信号作出反应。

70. 无威胁角色扮演

概　述

这一技术让教师置身于领导角色，让全班学生作出反应、设定情景走向，从而降低角色扮演的威胁性。

程　序

1. 创建一项角色扮演，你在其中可表现出恰当的行为，如安抚一个愤怒的人。

2. 告诉学生，你将在角色扮演中担当主导角色，他们的任务是帮助你处理情境。

3. 请一位自愿的学生上台扮演情境中的另一个角色（如，愤怒的人）。给这位学生一份开放性的剧本，帮他/她进入角色。开始角色扮演后，你要时不时停顿下来，询问班中学生，让他们给你反馈和情节发展的指导。让学生提供一些具体建议，对此你无需迟疑。比如，在某个时刻，问学生："接下来我应该说什么？"听听观众席上的学生怎么说，然后按一种建议表演。

4. 继续角色扮演，由学生指导你该如何处理情境。这样，在你为他们进行角色表演之时，他们进行了技能练习。

活学活用

1. 用相同的程序，让做观众的学生指导一位学生（担任教师扮演的角色）。

2. 将角色扮演的全过程录制下来，重新播放，和学生讨论在某时刻可对情境作出的其他反应方式。

71. 三人角色扮演

概　述

这一技术在同一角色扮演情境中起用三位学生,由此拓展了传统的角色扮演。它展现了不同的个体风格对情境结果的影响。

程　序

1. 请出一位自愿的学生,和他/她讨论出一个情境中角色扮演的基本技术(如果需要的话),如这个情境:学生向老师抗议他/她得到的分数。

2. 编写剧本,并向全班介绍。

3. 请出四位学生,一位扮演标准角色(如,教师),他指导另三个人,后面的三个人将轮流扮演另一个角色(如学生)。

4. 让三位轮流的志愿者离开教室,商量好他们的顺序。就绪之后,第一位志愿者回到教室和标准角色扮演者进行角色扮演。

5. 三分钟后叫停,让第二位志愿者进教室表演相同的情境。此时,第一位志愿者可以留在教室里。三分钟后再叫停,让第三位志愿者表演。

6. 在归纳总结时,让全班学生对三位志愿者的风格进行比较,指出他们的哪些技术是有效的,哪些地方需要改进。

活学活用

1. 可以不开展全班范围的大讨论,而是把全班学生分成三组,每个组讨论一位角色扮演者的表现。让组员给他们讨论的对象以支持性的反馈。当你想减少因公开的比较、评论而造成的尴尬时,就可以采用这一做法。

2. 对于人数较多的班级来说,可以将学生分成三组进行角色扮演,三个组的志愿者轮流表演,再集合全体学生对三种风格进行比较。

72. *轮换角色*

概　述

　　这种活动的好处在于它给了每个学生藉由模拟现实生活情境的角色扮演来锻炼技能的机会。

程　序

　　1. 将学生分成三人一组,分散到教室各处,组间留下尽可能多的空间。

　　2. 让各小组编写三个与所讨论的主题有关的现实生活情境的剧本。

　　3. 各小组在三张纸上写下其创作的剧本之后,一位小组成员将剧本送到邻近组,并解答其疑问和提供补充信息。

　　4. 组内成员轮流担任主要角色(如母亲或父亲)、次要角色(如儿童)和观察者。

　　5. 一轮应该包括至少 10 分钟的角色扮演,5—10 分钟的观察者反馈。你可以根据你的时间限制、主题和学生的技能水平,决定每一轮的时间长度。

　　6. 每一轮的观察者都应该致力于鉴别主要表演者在运用课堂上习得的概念和技能时表现好的地方和他/她可改进之处。

　　7. 三轮全部结束后,学生集合起来讨论学习的关键点和活动的价值。

活学活用

　　1. 可以是你准备好剧本,而不是让学生写出来。

　　2. 准备好观察者反馈单,单子上列出具体的技能和技术,方便观察者在观察时鉴别和记录。

73. 示范方法

概　述

　　这一技术给了学生用例证活动练习课堂上学习到的具体技能的机会。举例说明不具有威胁性,因此,它是角色扮演的另一种合理变式。学生有充裕的时间来创造他们自己的剧本,并决定他们将怎样举例说明课堂上教过的技能和技术。

程　序

　　1. 在学习一个主题之后,确定几个一般性的情境,这些情境要求学生运用适才学习的技能。

　　2. 将学生分组。一般说来,2—3人是承担一个剧本所必需的,所以可2—3人一组。

　　3. 每个小组有10—15分钟的时间来创作某情境的剧本。

　　4. 各小组也要决定他们将怎样向同学解说某种技能,他们有5—7分钟的练习时间。

　　5. 各小组轮流解说。一个小组作举例说明之后,听取同学的反馈意见。

活学活用

　　1. 你可以让每个小组有更多的组员,组员中除了表演的人之外,还可以有专人创作剧本、做"导演"和建议者等。

　　2. 可以由你创作出诸多剧本,再将剧本分发给小组。

74. 无声的演示

概　述

在你教授一步一步的操作程序时，可以使用这种策略。无声地演示程序，是鼓励学生保持警觉和关注。

程　序

1. 确定你要教学生的一种多步骤程序，可以是下列的程序：

- 电脑的一项应用操作
- 使用实验设备
- 操作机械
- 给予紧急救助
- 解决一个数学难题
- 寻找参考资料
- 绘画和其他艺术表达方法
- 维修家用电器
- 应用一种诉讼程序

2. 让学生观看你演示整个程序。你只是操作，至于你在做什么、为什么这样做，你不作任何解释或评论。只让学生对整个过程有感官上的"一览"，而不期望他们记忆。这个时候，你只是建立好学生学习的准备状态。

3. 让学生两两结对。你再演示程序的第一部分，不作解释说明，或作些许说明。**让学生按结好的对子，两个人讨论他们看到你做了什么。**（告诉他们你在做什么会降低他们的警觉性。）请自告奋勇的学生解说你做了什么。如果学生还不明白，你再演示一遍，点明学生的正确观察。

4. 让学生和结对的伙伴练习程序的第一部分，在学生掌握之后，继续无声地演示下一部分程序，并让学生结对练习。

5. 最后，挑战学生，看他们能否在没有任何帮助的情况下完成整个操作程序。

活学活用

1. 如果可能，给学生一项开放性的任务，供其在教师演示之前尝试操作。鼓励学生猜想，允许他们犯错误。这样做，学生马上就投入其中了。之后，你再演示给他们看。

2. 如果有些学生掌握得较快，将他们招募为"无声的演示者"。

75. 练习—复述对子*

概　述

　　这一简单的技术用于和一位学习伙伴练习与复述任何技能或程序,其目标是保证结对双方都会运用所学技能或程序。

程　序

　　1. 选择一系列你希望学生掌握的技能或操作程序。让学生结对。每一对里两个角色:(1) 解说者或演示者;(2) 检验者。

　　2. 解说者或演示者解说和/或演示怎样表演某种技能或程序。检验者判断解说和/或演示是否正确,并给予鼓励,在需要时提供指导。

　　3. 结对的学生互换角色,这次的解说者/演示者要表演另一种技能或程序。

　　4. 这一过程持续到所有技能都复述一遍后结束。

活学活用

　　1. 可选用一种多个步骤的技能或程序,而不是选用几个不同的技能或程序。结对的学生你表演一个步骤、我表演下一个步骤,两人轮流,直到所有步骤都表演完。

　　2. 当学生完成他们的任务后,你可以安排一场演示活动,观看对象任意。

---

　　* 这一技术是以 D. W. Johnson, R. T. Johnson 和 K. A. Smith 提出的"演练—回顾对子"为基础的。

76. 我是 _____

概　述

在这一策略中,学生们虚拟一个人物角色,这个人的工作是他们正在了解的。给学生布置一些现实生活中该工作的任务,事前只给少量指导,让学生在做中学。

程　序

1. 选择你想让学生扮演的角色,比如:

    我是　　市长

    　　　　国外参观者

    　　　　编辑

    　　　　历史学家

    　　　　自然科学家

    　　　　求职者

    　　　　商业主

    　　　　记者

2. 准备好解说分配给该角色的一项或多项任务的书面指导。比如,市长要准备好一份议案带去市议会。

3. 让学生结对,将任务分给他们。给他们完成任务的时间,在此期间,你可提供参考资料支持他们。

4. 集合全班学生,一起讨论所做的任务。

活学活用

1. 允许学生走出教室,从年轻雇员处获取"培训",后者是学生的一种好资源。

2. 让学生独立做,不接受同伴的支持。

77. 曲线球*

概　述

这是一种练习与工作有关的技能的戏剧性方法。它让学生置身于困境,他们必须想方设法逃离或解决。

程　序

1. 选择一种对学生正在探讨的工作来说非常常见的情境。比如:

- 领导一次会议
- 给雇员布置一项任务
- 从经理那里领取一项任务
- 作自我介绍
- 向经理提交报告
- 和顾客交谈

2. 招募乐意进行具体情境的角色扮演的自愿学生。务必详细地解释情境。

3. 发书面指导语给其他学生,指导他们向自愿接受挑战的学生扔出"曲线球"。指导语中具体说明那些让自愿者处理情境更为困难的一些举措,但不要让自愿者看到指导语。

比如,在求职面试中,要求应聘者提供个人信息(这是非法的)。应聘者需要考虑如何应对。

4. 让自愿者处理他所面对的情境,称赞他/她的努力。和全班讨论处理出乎意料的事件的各种方法。

5. 招募新的自愿者,给他们新的挑战。

活学活用

1. 请学生选出他们自己的、想扔向自愿者的"曲线球"。

2. 不请自愿者,你亲自"上阵",演示如何处理学生抛过来的"曲线球"。

---

* 原文为 curveball,棒垒球中投手为迷惑击球手而发出的改变方向的球,这里有出乎对手意料的意思。——译者注

78. 建议小组

概　述

这一策略用在教学内容分多个时段教授的课堂中,可获得"与时俱进"的反馈。很多时候,教师都在课程结束后征求学生的反馈——太晚了,这时已无法作任何调整。

程　序

1. 当你想征求学生的反馈时,设立课后时间。

2. 请一小群乐意与你交流的学生和你会面。告诉他们,他们的职责是在每次与你定期会面之前引发其他学生的反应。

3. 使用如下这样的问题:

- 哪些是有用的? 哪些是没有用的
- 哪些还不清楚
- 怎样可以让你学得更好
- 我将材料和你的生活建立了足够的联系了吗
- 我们下次上课,你希望什么更多些
- 你希望什么再少些
- 你希望什么继续下去

活学活用

1. 在"建议小组"身上尝试你打算用到全班的一种教学策略,获取反应。

2. 可以采用其他方法来获得"与时俱进"的反馈,比如,会面后反应调查或学生反应的口头调查。

第四部分　怎样让学生把所学牢记心间

有些教师的教学会一直持续到学期、课程时限的最后一刻。他们认为，在最后一刻，他们还能塞进更多的信息，涵盖他们教学安排日程上的主题和材料。

无论"涵盖"什么主题，其价值都是有疑问的。涵盖意味着隐藏、掩盖，有时候还意味着分散、零星出现。教学直到最后一刻常常导致重要内容的隐藏、掩盖和零星出现。相反，主动学习给人理解的机会。只有花时间巩固所学，人才可能保持知识。

试想你操作电脑时的情景，提取信息、解决问题、形成想法，但你没有保存你做的工作，于是，什么都没有留下。学习也是同样的道理，如果学生没有机会"保存"他们学习的东西，那么学习是白费的。

除了要"保存"所学，"品尝"所学也很重要。就像所有的经验一样，对所学进行反思、给它情感性结束就是在品尝它。前面我们讲过积极学习的"开胃菜"和"主菜"部分，现在我们探讨餐后的"甜品"。

如果你想让学生的学习有个有意义甚至难以忘却的结束的话，有许多积极的举措你可以采取。在这一部分，我们以四个类别来探讨这些举措。

1. 回顾策略： 这一部分介绍的方法帮助学生回忆所学、检验他们的当前知识和能力情况。你会从中得到那些促使学生去"保存"并帮助他们"保存"学过的内容的回顾策略。

2. 自我评估： 这一部分介绍的方法帮助学生评估自己现在知道什么，他们现在能做什么和他们现在具有什么特点。你会从中得到帮助学生评价自己进度的评估策略。

3. 未来设计： 这一部分介绍的方法帮助学生思考他们将做什么来运用所学。你将从中得到未来设计策略，可用来促使学生认识到他们的学习并不终止于课堂。

4. 离别感想： 这一部分介绍的方法，帮助学生追忆他们在学习过程中的体验和表达欣赏之情。你从中得到的策略，会帮助你合理地结束教学，和学生道别。

回 顾 策 略

让学生将所学牢记心间的最保险的方法之一是安排时间回顾学过的内容。学生回顾过的内容，其保持量是未回顾过内容的 5 倍。这是因为回顾让学生再度思考信息并找到方法将之贮存在大脑中。

接下来是一系列促进回顾的策略，不仅让学生积极参与，也让回顾富有趣味。

79. 索引卡片匹配

概　述

这是一种回顾课堂内容的自主而有趣的方法。它让学生两两配对,并测试他们的同学。

程　序

1. 在单张卡片上,写下与课堂上教授的任何内容有关的疑问。制作足够的问题卡片,至少要有学生人数的一半那么多。

2. 在单张卡片上,写下对前面问题的回答。

3. 混合两套卡片,像洗牌一样多洗几次卡片,以便混合得比较好。

4. 给每个学生发一张卡片。向他们解说:这是一个匹配练习,有些学生拿到回顾用的问题,有些学生拿到问题的答案。

5. 让学生寻找与他们自己所持卡片相配的卡片。找到后,让匹配的学生坐到一起。(让配好对的学生不要告诉别人他们卡片上的是什么内容。)

6. 在所有配对学生落座之后,让一对对学生依次测试班级里的其他同学:大声念出他们卡片上的问题,要求同学作出回答。

活学活用

1. 可设计卡片,一种是上面写有不完整的句子,一种是上面写有完成句子所需的词汇。比如:"总统是武装力量的　　　　　　"和"最高指挥者"。

2. 写在卡片上的问题可以有几种可能的答案。比如:"解决冲突有哪些方法?"与之匹配的卡片上分别写不同类别的解决方法。当持有匹配卡片的学生测试其他人时,被测的学生就要给出数种回答。

80. 主题回顾

概　述

这一策略向学生提出轻微的挑战,要他们回忆每个主题,每一教学单元下学过的内容。就帮助学生回顾你涵盖的教学内容而言,这是一种极好的方法。

程　序

1. 在课堂结束时,给学生一张你讲到过的主题的清单。告诉学生,你想看看关于这些主题他们记住了些什么,忘记了些什么。让气氛保持轻松、随意,否则他们会觉得受到活动的威胁。

2. 让学生尽可能多地回忆出每个主题的相关内容。可以问这样的问题:

- 这一主题指的是什么
- 它为什么重要
- 我们学习的这个主题,你能举个例子吗
- 这个主题对你来说有什么价值
- 每个主题下,我们开展了什么活动

如果学生回忆起来的东西极少,你要幽默地处理他们的遗忘,比如,责怪你自己没能让主题变得"不可忘"。

3. 按时间顺序继续回顾主题,直到你将所有课程内容都回顾完,或者是根据你给这一活动安排的时间、学生对这一活动的兴趣而定。

4. 在你带领学生回顾内容的过程中,作怎样的总结评语,可随你意。

活学活用

1. 可以不采用全班一起回顾的形式,而是采用结伴或分小组讨论所有主题的形式。

2. 如果学生人数不超过 10 个,可以让他们群策群力,在黑板上列出学过的课程主题,或是列个主题表,并自行回顾内容。要让他们觉得回顾不是考试,回顾也可以在课外进行——这让他们得以在他们认为合适的时间作回顾。

81. 提出问题和得到答案

概　述

这是一种让学生建立团队来回顾前面学过的内容的策略,可在课程教授过程中或教授完时采用。

程　序

1. 给每个学生发两张索引卡片。

2. 让所有学生都完成下面的句子:

卡片 1:我还有个问题,关于_____。

卡片 2:关于_____的问题,我能回答。

3. 划分小组,让每个小组从组员的卡片中挑选出最为需要"提出的问题"和最有趣的"回答的问题"。

4. 让各小组报告其选出的"提出的问题",看班级里是否有人能回答这个问题,如果没有,则由教师作答。

5. 让各小组汇报其选出的"回答的问题",和全班学生共享。

活学活用

1. 预先准备一些问题卡片,把它们分给各小组。让各小组从中选出他们能回答的一个或多个问题。

2. 预先准备一些答案卡片,把它们分给各小组。让各小组选择一张或多张对他们回顾所学有帮助的卡片。

82. 填字迷津

概　述

设计一个类似填字迷津的回顾测验,填字迷津会让学生马上投入其中,可以由学生个体单独完成,也可以由学生组成团队完成。

程　序

1. 第一步是想出与你教完的课程内容有关的一些术语或名称。

2. 构建一个简单的填字迷津,尽可能多地包括项目在内。迷津中无需填字、用不到的格子,就涂黑。(注意:如果光用你想到的项目来构建填字迷津有困难,你可以采用一些与课程无关的有趣项目,作为补白。)

3. 给你的项目编写一些提示线索,可以是下面几类:

- 简短的定义("用于建立可信度的测验")
- 项目所属的类别("一种气体")
- 一个例子("'令人愉悦的安宁'这个短语是它的一个例子")
- 反义词("民主的反义词")

4. 把迷津分给学生,可以让他们独立完成,也可以让他们组成团队完成。

5. 设定时间限制。在时限内正确完成项目数最多的个体或团队,给予奖励。

活学活用

1. 让全体学生一起合作完成填字迷津。

2. 将整个课程的关键词汇安排在填字迷津的横向,让它对整个填字迷津有重要的启发作用,以此简化迷津的难度。将概括其他要点的词汇安排在迷津的纵向。

83. *Jeopardy 回顾*

概　述

这一策略类似流行的电视问答节目"Jeopardy"，答案是现成的，人面临的挑战是要给出正确的问题。这种形式用来回顾课程内容是很合适的。

程　序

1. 设计 3—6 类回顾问题，比如下面的类别：

- 概念或观念
- 事实
- 技能
- 名称

或是按主题分类。比如，法语课程涉及的主题有目标、数字或颜色等。

2. 每个类别至少要有 3 个答案（和相应的问题）。比如，答案"这种颜色的酒通常置于室温条件下"与"法国红酒怎样保存"这一问题相匹配。一个类别中的答案数目和问题数目不一定要相同，但问题和答案的难度应该是逐渐增加的。

3. 用一张大纸作为游戏榜，上面标出不同类别以及各类别的分值。下面是张游戏样榜：

月份	颜色	数字
10 分	10 分	10 分
20 分	20 分	20 分
30 分	30 分	30 分

4. 把学生分成 3—6 人一组，每组发一张回答示意牌。如果可能，按技能或知识水平来分组。

5. 让各小组选出组长和小组记分员。

- 组长代表整个小组，只有他/她能举回答示意牌并给出一个答案。因此，在给出一个答案之前，组长必须和组员商议
- 记分员负责加和减他们组的得分

注意：作为游戏的主持者，你负责记录哪些问题已提出过了。一个问题用过了，就把它从游戏榜上划掉，学生回答起来有困难的问题，你在旁边做个记号。这样，游戏结束后，你可以带学生再来探讨这些问题。

6. 回顾游戏的下列规则：

- 先举回答示意牌的组长优先具有回答的机会

- 所有答案都要以问题的形式给出
- 组长作出的反应正确,则小组得到这一类别的分值。如果作出的反应不正确,则从小组的得分中扣除该类别的分值,其他小组得到回答的机会
- 最后给出正确反应的小组控制游戏榜

活学活用

1. 不选举组长,让小组成员轮流作答,但在回答前,他/她不能询问组中的其他人。

2. 让学生给出问题。

84. 知识竞赛

概　述

　　这一策略对标准的内容回顾法作了较大改变。采用这种策略,教师不仅能评估学生对内容的掌握到了什么程度,还能同时强化、澄清和概括重要的知识点。

程　序

　　1. 将学生分成3—4人一组。让各小组选择自己要代表的一所大学(或运动团体、公司、汽车等)。

　　2. 给每个学生一张索引卡片。当他们想回答问题时,就举起他们的卡片。游戏采用抢答的形式:每次你提出问题,任何组的任何人都可以表示他/她想回答。

　　3. 向学生说明下列规则:

　　• 要回答问题,就举起你的卡片

　　• 在老师说完问题之前,如果你认为自己知道答案,你可以举起你卡片。在你举起卡片时,老师就停止陈述问题

　　• 每个组员回答对一个问题,其所在的小组就得一分

　　• 如果有人回答错误,则由其他小组回答。(如果前面的小组打断了老师对问题的陈述,那么其他小组此时可听到完整的问题。)

　　4. 问完所有问题之后,计算各小组得分,宣布优胜者。

　　5. 根据学生在游戏中的表现,回顾他们尚不清楚或需强化的内容。

活学活用

　　1. 不采用抢答形式,而是用必答题形式,依次向各小组提问。

　　2. 这一游戏除用于考查学生是否能回答知识性问题之外,还可用于考查学生能否正确表现一种技能。

85. 学生重述

概　述

这一策略是让学生概括出学过的内容,并将他们概括出的概要说给别人听。这是一种让学生重述学过的内容的好方法。

程　序

1. 向学生解释:对你而言,由你提供概要有违自主学习的原则,所以,要让他们概括。

2. 把学生分成小组,每组 2—4 人。

3. 要求各小组概括课堂教学某一时段的内容。鼓励他们创建提纲、心灵地图或其他能将他们的概要表达出来让其他人理解的东西。

4. 可用下面这样的问题指导他们的工作:

- 我们探讨过哪些重要主题

- 今天的课,提出了哪些重要的知识点

- 你今天经历了什么? 你从中得出了什么

- 从这一堂课中,你获得了什么观念或建议

5. 请各小组分享他们的概要,对他们的努力报以掌声。

活学活用

1. 提供一天主题的纲要,要求学生填入主题涉及的许多细节。

2. 让学生将他们的概要与音乐联系起来,写成词的形式。可以让他们采用众所周知的歌曲的旋律,也可以让他们自己创作快板。

86. 宾果游戏回顾

概　述

这一策略帮助你强化学生学习过的术语，它采用宾果游戏的形式进行。

程　序

1. 设计与你教授的学科内容有关的 24 或 25 个问题，这些问题可用你所教课程中的标准术语来回答。下面是一些术语的例子：

- 分母
- 纬度
- 象形文字
- 印象派
- 通货膨胀
- 寓言
- 独裁政府
- 光合作用
- 数据库
- 序数
- 汉摩拉比法典
- 精神分裂症
- 字节
- 虚拟语气从句

你也可以不用术语，而用人名。比如：

- Freud
- Copernicus
- Caesar
- Pasteur
- Blake
- Van Gogh
- Roosevelt
- Curie
- Marco Polo
- Chaucer
- Joan of Arc
- Russell
- Dewey
- Ailey

2. 将问题分成 5 组，分别以 B、I、N、G、O 标记。为每个学生制作卡片，就像传统的宾果游戏卡片，卡上 24 个格子中填好数字，按 5×5 的方阵排列（正中央一格为"空"）。

3. 念出一个问题及其数字。如果学生有这个数字并能正确写出答案，那么他/她就可以把答案填入格子中。

4. 当学生答对在一行、一列或斜线上的 5 道题时，他/她就可以喊："宾果！"游戏可以持续，直到 25 个格子都填完。

活学活用

1. 当学生获得"宾果"时，奖给他们一些不贵重的奖品，比如一颗糖。

2. 制作卡片，卡片上的格子里先填好 24 个重要术语（中间是"空"）。教师念出问题后，如果学生认为卡片上的某个答案可以回答该问题，那么他/她就将问题的编号写在该答案旁边。

87. 好莱坞方阵回顾法

概　述

这一回顾策略是建立在一度非常流行的电视益智游戏节目"好莱坞方阵"的基础上的。

程　序

1. 要求每个学生写出 2—3 个与课堂教学主题有关的问题。问题的形式可以是多项选择题、是非题或填空题。

2. 将学生的问题收集起来，你还可以添加一些问题进去。

3. 模仿"好莱坞方阵"节目中采用的"tic-tac-toe"* 游戏形式。在教室前方摆放 3 把椅子，请 3 名学生坐在椅子前面的地板上，3 名学生坐在椅子上，3 名学生站在椅子后面。

4. 给 9 位"名人"各发一张卡片，卡片的一面印有"×"，另一面印有"○"。当他们正确回答问题后，他们就将卡片上印有"○"的一面朝外贴在他们身上；反之亦然。

5. 请两名学生担任"参赛者"，他们选择"名人"方阵中的成员来回答游戏问题。

6. 让参赛者轮流提问。参赛者要对"名人"的回答表示"同意"或"反对"，同时努力让"名人"们形成"tic-tac-toe"。

7. 余下的不参加游戏的学生，手中都有卡片，卡的一面写有"同意"，另一面写有"反对"。在参赛者作决定时，这些学生就亮出卡片表示他们的意见，供参赛者参考。

活学活用

1. 更换"名人"。

2. 让学生结对。根据他们回答你的回顾问题的能力，让他们互相玩"tic-tac-toe"。

＊ "tic-tac-toe"简单地说即○×游戏，原本它的节目形式是："名人"排成九宫格，请两名参赛者，参赛者从九宫格中选择一个名人开始游戏。主持人提问，名人回答问题，参赛者判断对错。参赛者判断对了，可把一名名人当作自己的代表符号×或○，谁先把三个自己的符号串成横线、竖线或对角线，谁就赢了。——译者注

自 我 评 估

　　在学期末或教学告一段落之际，是反思的时候。我学习了些什么？我现在持什么想法？我有哪些技能？我需要改进些什么？让学生进行自我评估，使他们有机会考察课堂教学之于他们的意义。下面介绍的策略是可促进这类自我评估的结构性方法。它们也会帮我们给教学作个有意义的结束。

88. 重新考虑

概　述

　　设计教学单元的最有效方法之一是在教学开始前让学生陈述他们对课堂主题所持的观点,在教学结束时再来考虑这些观点。要带领学生顺利完成这种"重新考虑",有几种方法。

程　序

　　1. 在教学单元开始之前,让学生表达他们关于主题的看法。例如,问:

- 什么使得＿＿＿＿＿＿＿＿＿＿＿＿＿＿＿(如,试卷)有效
- ＿＿＿＿＿＿＿＿(如,某一机构)有什么价值
- 要成为＿＿＿＿＿＿＿＿(如,更好的演员),他们要给自己哪些建议?
- 在处理你给出的＿＿＿＿＿＿＿问题(如,怎样记录在经济增长),他们会有哪些解决方法

　　可采用以下任何一种形式:

- 小组讨论
- 问卷调查
- 开放式的辩论
- 书面的陈述

　　2. 在这一单元或阶段的教学结束时,让学生再次表达他们的观点。

　　3. 问学生,他们现在的观点是仍和以前一样,还是改变了。

活学活用

　　1. 讨论使学生的观点发生改变的因素。

　　2. 在教学开始前可做个练习——让学生写下最近发生的情境,在该情境中,他们的知识或技能不足以顺利处理好问题。在教学结束时也给学生做练习——让学生思考他们今后将怎样更有效地处理那些情境。

89. 投资回报比率

概　述

这一方法要求学生评估他们是否从教学中获益了。这让他们"拥有"自己的学习预期,而非在学习中"走个过场"。

程　序

1. 在一堂课开始之前,让学生写下他们希望从教学中得到什么。建构这一练习有以下方法:

- 请学生列出他们自己对这堂课定的目标
- 请学生列出他们觉得与主题有关的困难或无趣的东西
- 请学生列出他们可在哪些方面运用所学

2. 在课堂中间断性地留一点时间,让学生看看他们一开始写下的东西,思考课堂教学到目前为止对他们有哪些价值。

3. 在学期、学年结束之时,或是教学告一段落时,让学生评估一下:就他们最初的希望来说,他们在课堂上投资的时间和努力是否是合算的。

4. 听取学生的反馈。

活学活用

1. 让学生的目标成为可见的东西展示出来,这样,学生在学习过程中可以很容易地参考目标。

2. 请学生计算他们获得的投资回报比率(ROI)。比如,一位学生觉得上课是值得的,他/她的投资获得了75%的回报。(听起来相当不错!)

90. 学到的事物的展览会

概　述

这一活动可用于评估学生从课程中学到了什么东西，并可加以庆祝。

程　序

1. 将学生分为 2—4 人一组。

2. 让各小组成员在组内讨论他们从课堂中得到了什么。得到的可以是：

- 新知识

- 新技能

- 在＿＿＿＿＿＿＿＿＿＿方面得到提高（如编程技能）

- 对＿＿＿＿＿＿＿＿＿＿产生或再度产生兴趣（如诗歌）

- 在＿＿＿＿＿＿＿＿＿＿上得到自信（如讲德语）

然后让他们在大张的纸上列出这些"学到的事物"，并给这个清单加上题目："我们得到的东西。"

3. 把这些清单贴到墙上。

4. 让学生逐个观看这些清单。要求他们在看到别人的清单上有他们没"得到"的东西时，就在该项他人"得到的东西"旁边做个标记。

5. 汇总结果，指导出大多数学生们"学到的事物"，也要指出一些不寻常、出人意料的东西。

活学活用

1. 如果班级规模允许（人数不是太多），可请每个学生列出自己的清单。

2. 可以不要求学生列出"得到的东西"，而是要求他们列出"要记住的"——教师在课堂上给出的且学生认为应当记住、可留待今后应用的观念或建议。

91. 活动式自我评估

概 述

这一活动与活动 66"主动的自我评估"类似。在课堂结束之际开展这项活动可让学生评估一番他们学习了多少,或是调整他们先前的信念。

程 序

1. 想出一句或多句评估学生变化的话。例如:
   - 听了这堂课后,我关于_____的观点改变了
   - 我在_____上的技能得到了提高
   - 我学到了新信息和新概念

2. 将所有课桌椅整理到教室的一边,让学生站到教室的后面。

3. 在教室前方的黑板上或是通过在墙上贴数字,创建从 1 到 5 的评分量表。

4. 教师向学生解释:教师会念句子给他们听,听完一句后,他们就站到最符合他们自我评估的评分数字前面。采用下面的量表:

   1=非常不同意

   2=不同意

   3=不确定

   4=同意

   5=非常同意

5. 教师念完一句话,学生就移动到最符合他们的自我评估的地方。**鼓励学生客观地评估自己。**向学生指出,有些因素可能起的作用很小或不起作用,比如先前的知识或技能水平,需要更多练习或时间等。

6. 当学生在不同数字前排好队后,请几位学生谈谈他们为什么选择了这一评估,鼓励他们诚实作答。

7. 在听完几位学生的观点后,问其他学生是否想改变他们所站的位置,并让他们换位置。

活学活用

1. 上文讲的是公开的练习活动,你可以采用保护隐私的纸笔形式的自我评估代替。

2. 你可以让学生按照他们对一句话赞同的程度,依次排序。这种方法称为"活动连续体",促使学生互相讨论他们学习了什么或是他们改变了什么,讨论后他们才能找到连续体中的合理位置。

92. 评估拼贴画

概　述

这项活动是让学生制作拼贴画，以这种创造性方式来评估自己。

程　序

1. 准备几份杂志。为学生准备剪刀、记号笔和胶水（透明胶带也可以）。

2. 请学生制作一幅拼贴画，要能代表他们学习过什么和/或他们是怎样变化的。

3. 给出以下建议。

- 从杂志中剪出可用来描绘你当前的观点、技能或知识的词汇

- 把描绘你成就的图、表贴出来

- 用记号笔给拼贴画写上标题，并加进你自己的话或图画

4. 办一个评估拼贴画的"画展"，请学生观赏"画"中展示出来的结果和评论。

活学活用

1. 不必每人制作一幅拼贴画，可以制作团队的拼贴画。

2. 可不做拼贴画，而是让学生制作展现他们成就的"盾牌"或"武器外套"。

未 来 设 计

　　以积极学习为特点的课堂教学,在课程结束时,学生们自然会想到问:"现在做什么?"积极学习的成功与否就体现在对这一问题的回答——即,课堂教学内容怎样影响学生将来做什么。后文的策略旨在促进未来设计。有些策略着实是"快捷",你可在时间有限时采用;有些策略则需要较多时间和精力,但能取得更好的效果。

93. 继续学习

概　述

这一策略要求学生用"头脑风暴法"想出你所教学科的许多方面,自己继续学习。

程　序

1. 向学生说明,你希望他们不会因为课程结束而停止学习。

2. 向学生指出,有很多方面可供他们自己学习下去。

3. 指点学生,一种方法是用"头脑风暴法"想出许多可保持"继续学习"的想法。

4. 分小组。让各小组想出众多的想法。下面是一些可行的建议:

- 在杂志、报纸等物品中寻找与学科有关的文章
- 选修同一学科领域中的另一门课程
- 列一份未来阅读的书目清单
- 再次阅读课堂上推荐的书籍,回顾课堂笔记
- 把你学到的东西教给其他人
- 找一份可运用你所学技能的工作或任务

5. 集合全体学生,让各小组拿出他们最好的观念来交流。

活学活用

1. 预先准备一份给学生的建议清单,让他们从中找出适合自己的建议。

2. 在课程结束数星期之后,寄给学生延伸他们的学习的一些观念、想法。

94. 缓冲贴示

概　述

这是种有趣的方法，它要求学生制作一些提醒他们去运用所学的提示物。他们可以将这些提示物贴在他们能接触到的任何事物的表面（冰箱、门、书桌等）。

程　序

1. 请学生制作可以放在小汽车上的缓冲贴示，贴示可以讲述：

- 他们在课堂上学到的一样事物（"观察是一切科学知识的基础"）
- 他们将牢记心中并在今后用以指导他们的一种重要思想或建议（"使用中心语句"）
- 他们将来采取的行动步骤（"在你阅读之前先预览"）
- 需思考的问题（"我的目标是什么？"）

2. 激励学生尽可能精准地表达自己。让他们先想出各种可能性，再作出选择。鼓励他们听取别人对他们的观念的意见。他们可能想在一些众所周知的缓冲贴示的基础上写出自己的标语，如："如果你_____，就按喇叭。"或是以广告标语为基础，如："_____。没有书配得上它。"

3. 提供材料，让缓冲贴示尽可能地吸引人。

4. 开一个贴示展览会。确保学生将他们的贴示带回家后会找个适当的地方摆放出来。

活学活用

1. 将你制作的贴示提供给学生。

2. 让学生将自己想出来的想法写在索引卡片上。待他们写好后将所有卡片汇合起来，在全体学生中传阅。让每个学生从中选出三个适合他们的、其他人想出来的想法。

95. *我现在解决*

概　述

这是一种应用广泛的策略,可促使学生致力于应用课堂上学习到的东西;同时,这也是一种让学生在课程结束之后的较长时间里仍然记得这门课的极好方法。

程　序

1. 请学生说一说他们从这门课中得到了什么。记下他们的想法,列成清单展示出来。

2. 给每个学生发一张信纸和一个信封。

3. 让他们给自己写封信,在信中说明自己从这门课中得到了什么、他们打算用怎样的步骤来运用所学或是怎样自己去学习这门学科的更多内容。

4. 告诉学生这封信是保密的。让他们把信装进信封,写好他们的收信地址并封好信封。

5. 让学生在信封上粘张便事贴,上面注明他们希望你在什么时候寄出这封信。向学生承诺你会在他们要求的时间将信寄出。

活学活用

1. 学生可以不写信给自己——建议他们写给某个人,在信中说明他们的解决方案并向收信人寻求帮助。

2. 一个月后,给学生寄一封信。在信中简述这门课的主要知识点;鼓励他们应用所学;向他们提供继续学习学科的有关内容的一些方法。

96. 追踪问卷

概 述

这种策略能在课程结束很长时间以后，有效地提升学生对这门课的意识。这也是一种与学生保持联系的好方法。

程 序

1. 向学生说明：你想在一个月后给他们寄一份追踪问卷。这份问卷旨在：

(1) 帮助他们评价他们学到了什么，以及他们在运用所学时的情况；

(2) 给你一个反馈。

2. 让他们明白，填写问卷对他们很有好处，为此请他们寄回问卷。

3. 当你编写问卷时，不妨考虑以下几点建议：

- 语气要显得亲和、友好，不要严肃、正式

- 混合问题，最容易回答的问题排在前面。采用核对清单、评分量表、句子完形填空、写小论文等多种形式

- 问他们记得最牢的是什么，他们现在使用哪些技能，以及他们取得了什么成功

- 让学生有机会打电话向你请教问题和应用上的难题

下面是一个例子。

在"果敢地与人交流"这门课结束之后，学生们收到了这样一份追踪问卷：

你好！一切都还顺利吗？我希望你已经练习过果敢地与人交流的技能了。正如我以前说的那样，我现在给你寄了问卷，用来评价你坚持不懈追求预定目标的能力。你把问卷寄回给我，也能让我评估这门课的影响。

非常感谢！

1. 请你按照你认为的难度大小，给以下情境从 1（最不困难）到 5（最困难）评定等级。

——不道歉，直接说"不"

——主动和人开始谈话

——如实地说出我的感受

——让自己有说服力

——搞定难缠的人

2. 选择你在以下情境中感到困难的程序。

	容易	比较困难	非常困难
与异性交谈	____	____	____
约束儿童	____	____	____
在电话里交谈	____	____	____
要求加薪	____	____	____
在众人面前讲话	____	____	____
谢绝他人推销	____	____	____
在饭店里退菜	____	____	____

3. 简要描述一个近期发生的、你表现果敢的情境：

_____ 。

4. 描述一个近期发生的、你表现得不果敢并感到遗憾的情境：

_____ 。

5. 选择下面句子中符合你的话：

____ 请给我打个电话，我在_____上有困难。

____ 一切都很顺利，不必联系我了。

活学活用

1. 寄出一些令学生感兴趣的追踪讲义。

2. 不寄问卷，而是私下访谈学生或是电话访谈。如果学生人数多，可抽取一部分学生。

97. *坚持不懈*

概　述

在这一程序中,学生将郑重承诺要努力将所学付诸应用。

程　序

1. 在课程结束时,让学生填写一张追踪表格,其中涉及他们打算如何应用所学、怎样继续学习学科的更多知识。下面是一张样表。

未来设计表格

讲述你计划怎样将课程知识付诸应用,以及你计划何时、怎样应用,请说得具体些。

A. 情境:_____。

　　我计划应用:_____。

B. 情境:_____。

　　我计划应用:_____。

为了继续学习_____(填入学科)的更多知识,你打算做些什么?_____

_____。

2. 完成表格后,告诉学生,你将在3—4周后将他们的未来设计表格给他们。同时,你也要寄给他们以下指导语。

请回顾你的未来设计表。各项计划中,在你作了成功应用的计划旁边,标上字母A;在你还在努力应用的计划旁边,标上字母B;在你还没有任何实际措施的计划项目边上,标字母C。阻碍你应用的障碍,请加以解释。

活学活用

1. 让学生制定计划之后马上与一位建议者讨论他们的未来设计。建议他们一起制定一个计划,以帮助学生"坚持不懈"地执行计划。

2. 在这堂课开始之前,就列出建议者对计划的支持。

离 别 感 想

在一起上课的过程中,特别是当学生参与积极学习活动时,学生之间会变得很亲密。在课程结束时,他们需要互相说"再见",对同学在学习过程中给予的支持和鼓励表示感谢。有许多方法可帮助表达这些离别感想,下面的策略便是一些好方法。

98. *道别时的拼字游戏*

概　述

　　这种技术能让学生在课程结束时共同参与活动并庆祝他们共同经历的东西,活动内容是要学生创建一块庞大的拼字游戏板报。

程　序

　　1. 用大字体展示出课程或主题内容的名称。如果名称中有几个单词,单词之间也不留空格。

　　2. 给学生记号笔。在必要时指导学生怎样以拼字游戏的方式排列出单词,以教师展示出来的名称为基础。回顾一下安排单词的方法:

- 横排或竖排
- 列出单词开始的字母、结束的字母或是词中任何字母

　　教师要提醒学生,他们排列出的单词之间必须要有间隔。人名也可作为单词列出来。

　　3. 设定时间限制,请学生尽可能多地排出重要单词,它们与主题事件或发生过的学习体验有关。

　　4. 建议学生分工合作,这样一部分学生搜寻单词,另一部分学生就记录下来。

　　5. 教师宣布时间到后,让学生数数他们找出了多少单词,对他们共同完成的"杰作"报以掌声。

活学活用

　　1. 如果班级人数很多,无法开展这一活动,你可以将学生分成小组,让各小组创建一块拼字游戏板报。再集中展示成果,统计全班列出的单词总数。

　　2. 可简化这项活动:教师垂直写课程名称或主题事件,让学生横着写出与名称有关、以教师所写出单词的字母开始的动词、形容词或名词。

99. 联 结

概 述

这项活动象征性地将全班学生联系在一起。当学生之间形成了非常亲密的联系时,这项活动尤为适合运用。

程 序

1. 准备一团纱布,用于象征性地、用文字将学生联结起来。

2. 请学生站着围成一圈。在活动开始时,你简单陈述一下你教完这一课程后想对学生们说的话。

3. 你拉住纱布的头,而后将纱团抛给圆圈对面的人,请接到纱团的人谈谈他/她参加这门课程的体验。他/她说完后拉好纱布,并将纱团抛给另一位学生。

4. 让每个学生都有机会接到纱团,与别人分享感想,并将纱团传递下去,直到每个人都拉到一段纱布。最后,我们会看到一张联结了全班学生的纱布网。

可以说些像下面的话:

- 我很高兴认识了一些人
- 我觉得我可以和这里的所有人坦诚地交流
- 我觉得这门课程很有趣
- 我打算想办法练习、实践我从这门课中学到的东西
- 有你们才有了这个好集体

5. 教师总结:我们的活动开始之初便是乐意互相联系和学习的个体的集合。活动到此结束。

6. 用剪刀将纱布剪断,这样,学生们虽然作为个体离开了彼此,但他们都带走了其他学生的一部分。最后,教师感谢学生们的兴趣、观念、付出的时间和努力。

活学活用

1. 请学生表达对抛纱团给他/她的人的感激之情。

2. 可不用纱团,改为抛皮球或其他类似物品。接到球的人就表达他/她离别时的感想。

100. 集体照

概　述

这项活动是在大家庆祝的同时,感谢每位学生的贡献。

程　序

1. 安排学生照张集体照。最好是排成三排:一排坐在地上,一排坐在椅子上,还有一排站在后面。在你准备给他们拍下照片时,表达你在离别时的感想。要强调,积极学习极大地依靠学生的支持和积极参与,感谢他们在教学取得成功中作出的重要贡献。

2. 接下来,一次请一位学生上前做"拍照者"。(或者纯粹让每个学生上前看一下班级最后的样子。)

3. 如果班级人数不多,可让每个学生讲述其对集体的感想。让其他学生对发言同学作出的贡献报以掌声。

4. 完成拍照之后,将学生照的相片分别发给他们本人。

活学活用

1. 将照相时段用作回顾课程中闪光点的机会。

2. 不像上文那样当众披露情感,改为让学生在纸上写出他们的感想,贴到墙上。

101. 最后的考试

概　述

这是一种追忆课程教学过程中发生过的活动的有趣方法。

程　序

1. 给学生发一张白纸，告诉他们现在要进行"最后的考试"，让他们对考试保持悬念。

2. 告诉学生，他们的任务是将他们在课程中经历过的许多积极学习活动按次序写下来。（这里需要向学生说明，这是一项有趣的挑战，不计分。）

3. 在所有学生都完成（或放弃）之后，大家一起制作一份活动清单，不断调整，直到排出正确的清单。

4. 让学生看着巨幅的清单，追忆那些活动经验，回想那些有趣、合作和获得洞见的时刻。

5. 教师引导讨论顺利进行，以便学生记忆的交流得到强烈的情感共鸣，使课程得到完美的结束。

活学活用

1. 在活动开始前就提供学生一份活动清单，马上开始追忆、讨论。

2. 重点不放在活动上，而是放在"值得记忆的时刻"上。让学生自由发言，会让课堂充满欢笑，留下对课程的温暖印象。

华东师范大学出版社
教师教育类图书(部分)

教育领导(校长)用书

1. 一个称作学校的地方　　　　　　　　　　　　　　　39.80 元
2. 教育领导学　　　　　　　　　　　　　　　　　　34.00 元
3. 有力的教师教育　　　　　　　　　　　　　　　　45.00 元
4. 学校经营　　　　　　　　　　　　　　　　　　　20.00 元
5. 学校文化　　　　　　　　　　　　　　　　　　　30.00 元
6. 教育的感情世界　　　　　　　　　　　　　　　　38.00 元
7. 人是如何学习的——大脑、心理、体验及学校　　　29.00 元
8. 教育改革——批判的和后结构主义的视角　　　　　24.00 元
9. 教学与社会变革(第二版)　　　　　　　　　　　　59.80 元
10. 未来的课程　　　　　　　　　　　　　　　　　　24.00 元
11. 为了民主和社会公正的教师教育　　　　　　　　　39.80 元
12. 学会教学:教师专业发展导引　　　　　　　　　　26.00 元
13. 教育信任——减负提质的智慧　　　　　　　　　　25.00 元
14. 为了学习的教科书:编写、评估和使用　　　　　　49.80 元
15. 整合教学法:教学中的能力和学业获得的整合　　　36.00 元
16. 知识社会中的教学　　　　　　　　　　　　　　　29.00 元
17. 让每一所学校成为杰出的学校　　　　　　　　　　25.00 元
18. 教育变革的新意义　　　　　　　　　　　　　　　36.00 元

教师用书

1. 走出"盒子"的教与学　　　　　　　　　　　　　24.00 元
2. 教师不可不知的哲学　　　　　　　　　　　　　　36.00 元
3. 21 世纪的学校心理学
4. 学校中的心理咨询　　　　　　　　　　　　　　　36.00 元
5. 这样教学生才肯学:增强学习动机的 150 种策略　　34.00 元
6. 激发学习动机　　　　　　　　　　　　　　　　　25.00 元
7. 做一名有谋略的教师　　　　　　　　　　　　　　32.00 元
8. 教师不可不知的心理学　　　　　　　　　　　　　25.00 元